中华复兴之光
万里锦绣河山

道教人间仙境

冯 欢 主编

汕頭大學出版社

图书在版编目（CIP）数据

道教人间仙境 / 冯欢主编. -- 汕头 ： 汕头大学出
版社，2017.1（2019.9重印）
　（万里锦绣河山）
　ISBN 978-7-5658-2867-6

　Ⅰ．①道… Ⅱ．①冯… Ⅲ．①山－介绍－中国②道教
－宗教文化－介绍－中国 Ⅳ．①K928.3②B959.2

　中国版本图书馆CIP数据核字(2016)第325501号

道教人间仙境　　　　　　　DAOJIAORENJIANXIANJING

主　　编：冯　欢
责任编辑：汪艳蕾
责任技编：黄东生
封面设计：大华文苑
出版发行：汕头大学出版社
　　　　　广东省汕头市大学路243号汕头大学校园内　邮政编码：515063
电　　话：0754-82904613
印　　刷：北京中振源印务有限公司
开　　本：690mm×960mm　1/16
印　　张：8
字　　数：98千字
版　　次：2017年1月第1版
印　　次：2019年9月第3次印刷
定　　价：32.00元
ISBN 978-7-5658-2867-6

前　言

党的十八大报告指出："把生态文明建设放在突出地位，融入经济建设、政治建设、文化建设、社会建设各方面和全过程，努力建设美丽中国，实现中华民族永续发展。"

可见，美丽中国，是环境之美、时代之美、生活之美、社会之美、百姓之美的总和。生态文明与美丽中国紧密相连，建设美丽中国，其核心就是要按照生态文明要求，通过生态、经济、政治、文化以及社会建设，实现生态良好、经济繁荣、政治和谐以及人民幸福。

悠久的中华文明历史，从来就蕴含着深刻的发展智慧，其中一个重要特征就是强调人与自然的和谐统一，就是把我们人类看作自然世界的和谐组成部分。在新的时期，我们提出尊重自然、顺应自然、保护自然，这是对中华文明的大力弘扬，我们要用勤劳智慧的双手建设美丽中国，实现我们民族永续发展的中国梦想。

因此，美丽中国不仅表现在江山如此多娇方面，更表现在丰富的大美文化内涵方面。中华大地孕育了中华文化，中华文化是中华大地之魂，二者完美地结合，铸就了真正的美丽中国。中华文化源远流长，滚滚黄河、滔滔长江，是最直接的源头。这两大文化浪涛经过千百年冲刷洗礼和不断交流、融合以及沉淀，最终形成了求同存异、兼收并蓄的最辉煌最灿烂的中华文明。

五千年来，薪火相传，一脉相承，伟大的中华文化是世界上唯一绵延不绝而从没中断的古老文化，并始终充满了生机与活力，其根本的原因在于具有强大的包容性和广博性，并充分展现了顽强的生命力和神奇的文化奇观。中华文化的力量，已经深深熔铸到我们的生命力、创造力和凝聚力中，是我们民族的基因。中华民族的精神，也已深深植根于绵延数千年的优秀文化传统之中，是我们的根和魂。

中国文化博大精深，是中华各族人民五千年来创造、传承下来的物质文明和精神文明的总和，其内容包罗万象，浩若星汉，具有很强文化纵深，蕴含丰富宝藏。传承和弘扬优秀民族文化传统，保护民族文化遗产，建设更加优秀的新的中华文化，这是建设美丽中国的根本。

总之，要建设美丽的中国，实现中华文化伟大复兴，首先要站在传统文化前沿，薪火相传，一脉相承，宏扬和发展五千年来优秀的、光明的、先进的、科学的、文明的和自豪的文化，融合古今中外一切文化精华，构建具有中国特色的现代民族文化，向世界和未来展示中华民族的文化力量、文化价值与文化风采，让美丽中国更加辉煌出彩。

为此，在有关部门和专家指导下，我们收集整理了大量古今资料和最新研究成果，特别编撰了本套大型丛书。主要包括万里锦绣河山、悠久文明历史、独特地域风采、深厚建筑古蕴、名胜古迹奇观、珍贵物宝天华、博大精深汉语、千秋辉煌美术、绝美歌舞戏剧、淳朴民风习俗等，充分显示了美丽中国的中华民族厚重文化底蕴和强大民族凝聚力，具有极强系统性、广博性和规模性。

本套丛书唯美展现，美不胜收，语言通俗，图文并茂，形象直观，古风古雅，具有很强可读性、欣赏性和知识性，能够让广大读者全面感受到美丽中国丰富内涵的方方面面，能够增强民族自尊心和文化自豪感，并能很好继承和弘扬中华文化，创造未来中国特色的先进民族文化，引领中华民族走向伟大复兴，实现建设美丽中国的伟大梦想。

目录

龙虎山

  龙虎山，原名云锦山，坐落于江西省贵溪县西南部，是独秀江南的秀水灵山。此地群峰绵延数十千米，以"九十九峰""二十四岩""一百零八景"著称。

  它是我国典型的丹霞地貌风景，因此被列入了《世界自然遗产名录》，是我国宝贵的自然遗产之一。

  龙虎山是道教正一道天师派的祖庭，是我国道教发祥地。其山的形状若龙盘，似虎踞，风景秀美，集天地灵气，位居道教名山之首，被誉为我国道教第一仙境。

张道陵炼神丹而龙虎显现

　　道教是我国土生土长的教派，兴于东汉末年，源于传统文化，因此影响颇为深远。

　　自古名山僧占多，道士也不落下风。那是公元61年左右，道教正一道创始人张道陵为了寻找修道宝地，带着弟子王长云游各地，无意间踏入了位于现今江西省贵溪县西南部的云锦山。

　　张道陵是今江苏省丰县人，他曾是太学的学生，学识渊博，声名远播，在当时吴越一带，有学生千余人，可是他在仕途上却不得志。

　　转眼间，张道陵已经年过半百了，而且经常身体不适，他不由仰天长叹道："想我一世饱学，竟然对自己的身体和年寿没有半点益处，还不如学些延年益寿的

本领啊！"

于是，张道陵决定离家远游，追寻长生之道。在临行前，他向众弟子告辞，其中一个名叫王长的弟子，愿意随他同去。张道陵便遣散其他学生，带着王长离开了家乡。

师徒两人游遍名山大川，先在河南省洛阳的北邙山等处修道。后来，张道陵带领弟子王长从淮河到达江西的鄱阳湖，在两只仙鹤引导下，不知不觉来到了贵溪的云锦山。只见云锦山犹如99条龙在此集结，山丹水绿，灵性十足，他大喜，视为修道福地，于是在此设坛修炼。

传说他们住在云锦山时，张道陵在山岩上发现了一本异书，他照着书中的指点，开始修炼九天神丹。

当炼到一年的时候，红光满室。当炼到第二年时，有五色云彩，覆盖在鼎上。当炼到第三年时，神丹终于炼成，有一条青龙和一只白虎同时出现在空中护卫着他，于是他把神丹取名为"龙虎神丹"，也把云锦山改称为龙虎山。

张道陵吃了神丹，从此成了神仙真人，开创了"正一道"。后来他便开始云游四海，讲道布教，当时人们称他为张天师。

张道陵的孙子张鲁投降曹操后，和他的教徒都被迁移到今河南省洛阳和邺城一带。到了张鲁儿子张盛时，他拒绝曹操的封赏，便带着张道陵传下来的剑和印，按照张天师遗训，再次回到了龙虎山。

从此，张天师的子孙便长期定居在了龙虎山，在此创建坛宇招徒传教，也同时开启了龙虎山道教文化的历史。

截止到现在，正一道世袭道统63代，历时1800余年，每代天师均得到历代封建王朝的崇奉和册封，先后在龙虎山建有10座道宫，81座道观，36座道院，其规模都十分壮丽豪华。

知识点滴

传说张道陵炼成仙丹以后，看到身边弟子大多不足以托付重任，所以他只服了半剂丹药，成为了地仙，开始寻找托付道教的门徒。不久，从东方来了一位名叫赵升的青年，天师一眼就看中他，决定将道教重任托付于他。

一天，张道陵带领众弟子登上云台峰绝崖，忽然张道陵分开众人，朝悬崖一跃而下。众弟子齐站崖边，不见师傅踪影，一时惊骇悲啼，失望而归。只有赵升和一直追随张道陵的弟子王长站在崖边相视不语。

停了好久，两人异口同声说："师者，父也！自投不测之崖，吾辈何能自安？唯有随师傅去吧！"说罢，两人一起身，朝张道陵所投方向跃去。忽然一阵风起，两弟子正好落身在师傅两侧。张道陵笑道："我知道你俩会来！"

于是，张道陵在崖下将大道要术悉数传与了两人，传授完毕，张道陵服食了剩下的半剂丹药。忽然天空飞来了一只仙鹤，张道陵乘着仙鹤升天而去了。

大上清宫中的百神传说

在龙虎山诸多的道观之中，大上清宫是最早建成的道观，为唐武宗在841年至846年间所建。

大上清宫坐落于龙虎山脚下的上清镇东边，古代这里称为仙源乡

招宾里。这里溪山环拱，传说有9条龙在这里，是神仙和灵兽聚集的地方。有民谣说：

九龙集结上清宫，天师擒妖显神通。

唯有一龙不伏法，顺水漂游遇虎凶。

这9条龙指的就是上清宫周围的天门山、台山、乌剑山、狮子山、冲天峰、应天山、西华山、乌龟山和圣井山。

大上清宫源于道教祖师张道陵在龙虎山炼丹时居住的"天师草堂"。大约在215年至220年期间，第四代天师张盛从陕南汉中迁回江西龙虎山承启道教，在此建造了"传箓坛"。

龙虎山道教历史上的第一个道观便建成了。真仙观建成之后，又多次更名。

北宋时期，符箓科教道法特别兴盛。1008年至1016年间，宋真宗召见第二十四代天师张正，命其随吏部授箓，改"真仙观"为"上清观"。

1113年，宋徽宗命第三十代天师张继先设坛做法，在朝堂上，张继先给宋徽宗呈奏时，说宋徽宗显露出"赤马红羊之兆"，请求皇上修德。宋徽宗便把"上清观"升格为"上清正一宫"。

1310年，元武宗再次把"上清正一宫"更名为"大上清正一万寿宫"。直至1687年，康熙为了弘扬正一道，为上清宫御书宫额，更名为"大上清宫"。

据清代《留侯天师世家宗谱》记载："檐际悬圣祖仁皇帝御书'大上清宫'额。"由此"大上清宫"这个名字便一直延续至今。

大上清宫是天师张道陵及历代正一道天师祈祷、打醮、拜神和举行重大宗教活动的主要场所。同时他们也在这里隐居练道、修真养性和静心练丹，这里是道教文化积淀十分深厚的地方。

大上清宫整个建筑以三清殿和玉皇殿为中心，另外还建有紫微

殿、后土殿和东隐院等。据1740年妙正真人娄近垣所编纂的《龙虎山志大上清宫新制》记载，当时大上清宫中的殿宇多达二三十座。

在这些宫殿里塑有天神、地祇、南星北斗、三十六天将、二十八宿星和六十甲子等神像数百尊，组成了一个庞大的神灵世界最高领导机构，故有"神仙所都"和"百神受职之所"的美誉。

大上清宫之所以具有这么大的影响，还因为我国古典名著《水浒》里有大上清宫的故事。

《水浒》里讲，当年洪太尉受大宋仁宗之命，到龙虎山宣请张天师进京祈禳瘟疫，不料在上清宫伏魔殿误放了老祖大唐洞玄国师在镇妖井内镇锁着的"三十六天罡星"和"七十二地煞星"，共108个魔君。魔君出世后，便成了后来水泊梁山的"一百零八将"，所以，人们说龙虎山是梁山好汉的出生地。

但据传说，当年洪太尉放走的是118个魔君，这些魔君直冲上天

后，在空中散作100多道金光。

此时张天师在京城做法事时已经感知群魔出来了，就迅速念咒擒拿，而其中10个魔王拼力抵挡天师法力，让其他108个魔君逃走了。

而抵挡天师法力的10个魔王终究敌不过张天师的法力，被张天师一一降伏了，最后被点化成龙虎山的"十不得"。因此，当地流传一句民谣："龙虎山中十不得，若有一得天下了得。"

在大上清宫中不仅流传着很多神话传说，还有绚丽豪华的宫观建筑，但后来都因战火破坏或年久失修，大部分建筑已经倒塌或损毁。存留下来的伏魔殿、东隐院、善恶分界井、梦床、神树和传说中的镇妖井等古迹，仍然具有强烈的吸引力和丰富的文化内涵。

与镇妖井同样广为流传的井还有在东隐院旁的善恶分界井。善恶分界井位于东隐院的院墙外。

传说，这口井能够映照和判断出人的善恶是非。百姓之间解决不了的复杂纠纷，只要打开井盖照一照，便会是非分明。所以，每当百姓们有什么冤屈找张天师诉说的时候，张天师便会让与事件相关的人到井口照一照，善恶真伪就一清二楚了。

知识点滴

天师府的神道合居盛景

大上清宫是历代天师讲道布教之所，而天师府则是他们生活起居和掌管天下道事的总署。建筑雄伟，有"南国第一家"的美称。

天师府是在1105年，由宋徽宗始建于龙虎山脚下的上清镇关口，全称为"嗣汉天师府"，它是道教最早的发祥地，并被尊为道教的第三十二福地。

天师府是一座王府式的道教古建筑群，它依山傍水、气势非凡。由于道教大多是兴起于山泽草莽之间，并且道士们都追求超凡脱俗和清静无为的境界，所以天师府内种植了很多奇花名木，也是暗寓此地为仙境。

天师府整个建筑工艺群是由府

门、仪门、玄坛殿，提举署、法篆局、万法宗坛、大堂、三省堂、观星台、灵芝园和厢房廊屋等组成，在布局和风格上保持了道教正一道神道合居的鲜明特色。

天师府的外观具有浓厚的神秘氛围，红墙深院，彤壁朱扉，给人以神道合居的气势，并且以八卦铺地，显示了浓厚的道教底蕴。

天师府坐北朝南，高大宽阔、面河而立、气势雄伟。门前庭院正中镶嵌着太极八卦图。八卦在道教里是代表宇宙间的"天地水火风雷山泽"，而太极图则是显示阴阳对立统一的辩证法和动态平衡的道教哲理内蕴。天师府府门上有一对抱柱楹联：

麒麟殿上神仙客，

龙虎山中宰相家。

这副对联是明代尚书、大画家和大书法家董其昌的手笔，它形象地表达了龙虎山正一道天师既是"神仙"又是"宰相"的双重显赫地位，同时也阐明了正一道与历代皇权的密切关系，以及人们对追求成仙的渴望。

在院门后，有一条100余米的鹅卵石铺成的宽阔甬道直通二门。二门前东为玄坛殿，西为法箓局和提举署，但后来都被毁了。二门门联写的是：

道高龙虎伏，德重鬼神钦。

这副对联不仅表明了历代天师道高德重，使龙虎也服伏、鬼神也钦佩的历史事实，同时也表明了道教要求信徒必须修道养德的教理教规。

过了二门是一个大院，院中间是天师府的主建筑"玉皇殿"。殿门的外面两侧矗立着两个雕龙石柱，殿门的下面是雕龙石阶，石阶下就是有名的灵泉井。

相传，这口井是南宋著名道士白玉蟾奉正一道第三十五代天师张可大法旨所凿。它的泉水清澈甘甜，所以取名为"灵泉井"。历代天师做道场前敬天官、地官和水官都用这口井里的水，所以人们又称它为"法水井"。

还传说这口井有9米深，并与四海相通。当时挖凿的时候，曾惊动了龙王。

龙王问："为何要挖得那么深？"

天师说："我要借四海之源，用来演法炼丹。"

所以人们又称它为"丹井"。穿过甬道便可到达玉皇殿。玉皇殿是历代天师实施道政的地方。玉皇殿前距二门九九八十一步，此殿占地面积600余平方米，殿内供奉着身高9.9米的玉皇大帝像。在玉皇大帝旁，有金童、玉女和20个天君配祀两边，并且有8条金龙飞舞楹柱之间，使整个玉皇殿显示出天廷的庄严之感。

在玉皇殿后面便是私第了。私第是历代天师的住宅，也称为"天师殿"。这一部分是天师府的主体，面积约2000平方米，由前、中、后大厅组成。

在天师殿院门前的隐壁上画有 "鹤鹿蜂猴"的一幅巨画，象征着高官厚禄和宰相门第。院门前上书白底蓝字对联一副："南国无双地，西江第一家"。这不仅体现了当时天师府建筑的豪华是举世无双的，同时也告诉了人们当时道教文化的兴盛程度。

进入殿门，前厅为客厅。在客厅里有一块浑圆的翠绿色盘石，名叫"迎送石"。这是历代天师迎送客人到此留步的地方。在堂壁上挂有 "墨龙穿云图"和 "祖天师像"，在东西四壁上都题写着名诗，描

绘着古画。

再往里走就是中厅。中厅为会客厅，有"狐仙堂"的美称。在中央供奉着3尊神像，中间是在刀剑斧戟和龙虎旌旗的拥簇下正襟危坐的道祖天师张道陵，侍立在张道陵两边的则是他的两位高徒王长和赵升。张道陵身旁悬有歌颂他道尊德贵的对联一副：

有仪可象焉，管教妖魔丧胆。

无门不入也，谁知道法通天。

在前厅和中厅搭接处，在左右两旁开辟有"金光"和"紫气"两个门，中间还有一个门，上刻"道自清虚"4字，这是为了提醒世代天师要依道传教。

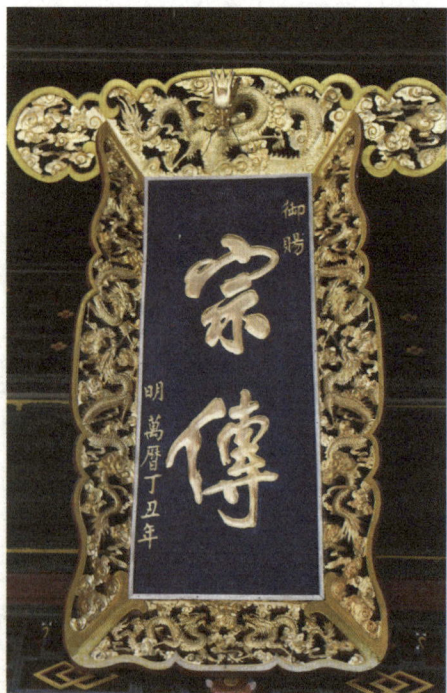

再往里走就是后厅，后厅也叫"上房"，是张天师食宿生活之处。后厅的中堂原是天师用餐的地方，清代的时候里面有几把太师椅，四壁上也有很多书画。中堂后壁悬挂着祖天师张道陵的画像。香案上有屏风、净瓶、时钟、灯台和香炉供器等，非常古朴典雅。

除此之外，天师府内还有灵芝园、敕书阁和观星台等，宫楼阁宇多得数不胜数。

但是，如此豪华的天师府，后

被洪水冲毁。后来虽然重建，但又因战争惨遭焚毁。

后来，经过历史创伤后的嗣汉天师府，在政府的扶植和海内外信徒的赞助下，逐年得到了修复。

在保持明清建筑的基础上，以府门、二门和私第为中轴线，又修建了玉皇殿、天师殿、玄坛殿、法箓局、提举署和万法宗坛等，从而把宫观与王府建筑合为了一体，再现了这个蕴含着巨大道教文化内涵的府邸。

传说一天清晨，天师府的第三十代天师张继先发觉有妖气出现，正在思忖时，看见一身穿黄衫的青年美女气喘吁吁地跪在地上流泪说："天师真人，请救救我！"

天师问清缘由后得知，这个狐狸精正在经历得道成仙前的天劫。天师怜悯狐狸精千年修行不容易，便对狐狸精说："我可以救你，但是你要答应3件事。第一要持斋，不许残害其他动物；第二要择地隐居，不得骚扰百姓；第三要受戒入道，早晚诵经，改恶从善，为民做好事。"

狐狸精拱手立誓说："一定做到，决不违犯。如有违抗，甘愿受死。"

天师见她有悔改之心，便叫她起立受戒。并命人在天师府内给她腾出了一个房间让她修行。后来，那个房间就成了供奉狐仙的狐仙堂。

龙虎山道教文化的兴盛之路

自从宋徽宗建造了天师府之后，张道陵的后嗣也逐步受到了朝廷重视，龙虎山的正一道便开始兴盛起来。

在宋代期间，宋王朝在龙虎山建造了大量宫观。一是旧有几座宫观得到了扩建和赐额；二是新建了大批宫观，宋代新建的宫、观、庵

和院近20座。

其中，有建于1056年至1063年间的凝真观，1102年至1106年间的静应观和祈真观，1107年至1110年间的灵宝观，1119年至1125年间的逍遥观，1208年至1224年间的金仙观等。

另外，宋代还建有云锦观、仙隐观、归隐庵、蒙谷庵和天乐道院等。

在这个时期，龙虎山正一道掌教的是张道陵的第二十四代至第三十五代后嗣。从第二十四代天师张正随开始，每代天师都曾被诏面圣，并被赐予"先生"称号。

其中，第三十代天师张继先和三十五代天师张可大最得朝廷恩宠。

在1104年，宋徽宗召见第三十代天师张继先，张继先与宋徽宗相谈甚欢，于是宋徽宗赐号张继先为"虚靖先生"。

第二年的12月，张继先回到了龙虎山。这次面圣，张继先的父亲和兄长全都被赐予了爵位。而第三十五代天师张可大先后被封为"正应先生"和"仁静先生"。这些都表现出当时宋王朝对龙虎山道教的支持和重视。

正是因为宋王朝的支持，在宋代初期龙虎山便成为与江苏茅山和江西阁皂山并立的三山符箓之一。

后来经过200年至元代，龙虎山的正一道便跃居成为了三山符箓之首。此时，龙虎山正一道达到了鼎盛时期。

在龙虎山正一道的鼎盛时期，掌教的是张道陵第三十六代至第四十一代后嗣。

从第三十六代天师张宗演起，每代天师均被元王朝封为天师或真人，让他们主领江南道教。至第三十八代天师张与材时，朝廷更封他为正一教主，让他主领三山符箓。也正是因此，龙虎山道教成为了诸符箓派之首。

在这期间，龙虎山出现了大批著名道士。这些德高望重的道士一部分被输送到了大都燕京，由第三十六代天师张宗演的弟子张留孙组成了一个规模较大的龙虎山道教支派玄教，用来主领江南广大地区的道教事务。

例如，张留孙，又称张宗师，是张宗演弟子，被元世祖忽必烈授以江南诸路的道教都提点之职。

剩下的道士则留在了龙虎山，管理山上的道教事务。其中也不乏杰出的道士。

李宗老，达观院道士，是著名玄教道士吴全节的老师。在1264年至1294年间被授江东道教都提点，主持本山上清宫。

吴元初，龙虎山高士，就学于道教学者雷思齐，所著诗文集为《元元赘稿》，元代著名学者、诗人虞集为之作叙说：

> 元初服黄冠以自隐，无所营于时，故无所争于人，交游天下名士，诗文往来，皆一时之盛。其言温而肆，清而容，杂而不厌，几于道者之乎？

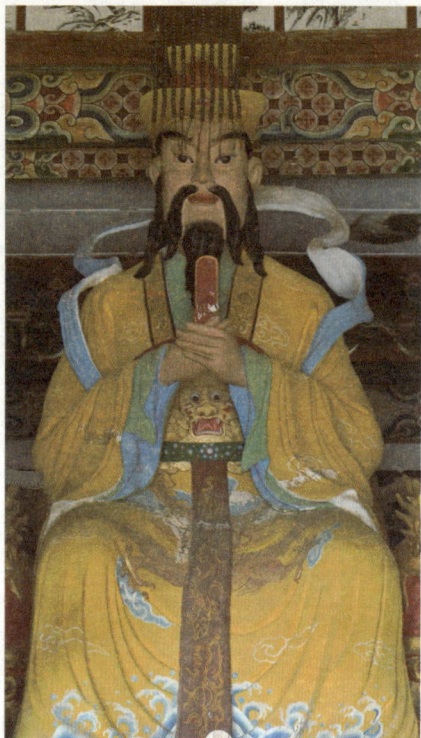

张彦辅，龙虎山道士，精绘事，元代著名学者、诗人虞集曾为其所作《江南秋思图》赋诗。

另外，在此时期，元王朝还对龙虎山道教宫观进行了修正。它除了对龙虎山原有宫观进行了修葺以外，又新建了大批的道教宫观。

据元代散文家元明善和清代正一道道士娄近垣所写的两本《龙虎山志》中的不完全统计，新建的宫、观、庵和院多达37座。这些道教宫观大部分都是由元世祖忽必烈建于1264年至1294年间，有文惠观、乾元观、会真道院、望仙道院、八卦庵、止止庵、太极庵、西华道院、东山道院、云山道院和瑶峰道院等。

在宋元两代，龙虎山道教发展极为迅速，其中大部分道观都是在这两个时期建立起来的。但是这些建筑后来因为遭到了天灾兵火，大多被毁，后存留下来的仅有天师府一座，上清宫、正一观等宫观都是后来重修的。

但是，从那些被毁的道教宫观遗址上，可以看出当时道教文化的繁荣和昌盛。

龙虎山之所以成为"道教第一仙境"，也是有其必然性的。龙虎山在风水学上，堪称是独一无二的经典。风水最看重的就是理想环境的选择，而风水的理想环境主要由山和水构成，其中尤以水为生气之源。

风水学经典《水龙经》中曾说：

> 穴虽在山，祸福在水。夫石为山之骨，土为山之肉，水为山之血脉，草木为山之皮毛，皆血脉之贯通也。

石为山之骨，水为山之血脉，两者本身就是有机融合的，更何况龙虎山的山水暗合了道教太极阴阳教理，所以龙虎山成为道教祖庭是具有一定必然性的。

龙虎山的风水吉象，主要体现在两处：

一是卢溪河畔的太极形势图。这里山环水抱，溪水与山势，正好形成一个阴阳太极图。

从卢溪河畔的地形图就可以发现，在这一段，溪水为阴鱼，鱼眼鼓出在头部。山势为阳鱼，鱼眼也鼓出在头部。这样一个太极就呈现

出来了，自然天成，鬼斧神工，蔚为大观。

太极是道教理论与形象的标志，又是道教的灵魂。而此处的风水气场就非常旺盛，人天感应度也相当高，非常适合炼丹修行，所以张道陵天师才选择在这个地方炼九天神丹。

二是龙虎山与正一观相辅相成，浑然一体。如果说太极山势是龙虎山的灵魂，那么龙虎山本山，则是龙虎山的山身。

正一观后面的山脉是象山余脉，本来这个余脉一直向西，但是到了此地突然折回，形成了两峰对峙的龙虎形状，不能不说这里是修道的宝地。

有人、有山、有魂，构成了我国风水的综合吉象：天地人合一。人为天师，山为龙虎，神为太极。再经过几千年来积淀而成的丰厚的道教文化，成就了龙虎山在我国道教史上显赫的祖庭地位。

知识点滴

传说在宋代，宋徽宗礼聘第三十代天师张继先来到京都，并对他说："解州盐池蘖蛟作怪，民众遭受灾害，所以召你来救治。"张继先受命之后，马上在铁简上画符，让弟子祝永佑跟着太监同往解州，将符投入盐池的决堤之处，只见电闪雷鸣，蘖蛟被斩死在水中。徽宗听了太监回来报告便问张继先说："你治死蘖蛟，派遣的是哪位神将？能让我见一见吗？"

张继先听后，便手握印剑施法召将，关羽随之现身。徽宗吃了一惊，手上正好拿着枚崇宁年间铸的铜钱，便掷给关羽，说："以这钱名封你。"

所以后来人们又称关羽为"崇宁真君"。

齐云山

　　齐云山，古称白岳。它坐落于安徽省休宁县城西，有"黄山白岳甲江南"的美誉，与江西龙虎山、湖北武当山和四川鹤鸣山并称为四大道教圣地。

　　齐云山以"三十六奇峰"，"七十二怪崖"，间以幽洞、曲洞、碧池和青泉汇成胜境，因它的最高峰廊崖有"一石插天，与云并齐"的景观而得名"齐云山"。

　　齐云山全山地质赤如朱砂、灿若红霞，是典型的丹霞地貌。清代乾隆皇帝称它为"天下无双胜景，江南第一名山"。

开启齐云山道教的玄帝像传说

　　齐云山古称白岳，坐落于安徽省休宁县城西边。其境内峰峦四起、峭壁耸立、四时变幻、绮丽多姿，以"三十六奇峰"和"七十二怪岩"著称，岩岩皆景，洞、涧、池和泉遍布其间。

齐云山全山有宫、殿、院、坛和阁等108处，道观27处，道房12家，与江西龙虎山、湖北武当山还有四川鹤鸣山并称为四大道教圣地。山中的道教绘画、摩崖石刻和碑刻数以千计，几乎峰峰有题词、洞洞有刻铭。因此后来被清代乾隆皇帝赞誉为"天下无双胜境，江南第一名山"。

齐云山的道教文化历史十分悠久，道教活动开始于唐代，至今已有1200多年的历史，道教香火传播到了华东及东南亚各国，影响十分深远。

齐云山的道教属于张道陵所创建的正一道，至于齐云山的开山鼻祖是谁，一直有两种说法。

第一种说法，说唐代天谷子道人的门徒余氏六三娘来到齐云山传道，并且在齐云山生养了文生、耀生、志生和立生4个儿子。后来这4个儿子都进入了道教，从而形成了齐云山最早的四大房；开启了齐云

山的道教文化。

　　还有另一种说法，说齐云山道教的开山鼻祖是道士龚栖霞。在唐代，有一个道士叫龚栖霞云游至此，隐居在山中的石门岩，在此处苦行修炼50载终成正果，在83岁时羽化成仙。后人把他修炼所住的石门岩洞，取名为"栖真岩"。

　　这两种说法谁真谁假已经无从考证，但关于齐云山的开山鼻祖有文字依据可查的是在南宋一个名叫余道元的道士第一个在齐云山建筑了道观，从而开启了齐云山的道教文化。

　　在1225年至1227年的南宋，道士余道元进入齐云山修炼，并于齐云岩创建佑圣真武祠，也就是后来的太素宫，其内供奉着真武大帝，又名玄帝。

　　太素宫，原名佑圣真武祠，后来明世宗赐额为"玄天太素宫"。它坐落在齐云山的齐云岩，是齐云山的主要的道教宫观。

　　太素宫坐南朝北，里主要供奉的是真武大帝。它的原主要建筑有"玄天金阙"石坊、宫门、前殿、正殿、后殿、客堂、斋堂、道舍及左右配房等，但是后来都因天灾人祸被毁了，里面供奉的真武大帝神像也不例外，都是后来重建的。

　　传说，原太虚宫中所供奉的真武大帝神像是由百鸟衔泥塑立的。真武大帝，又称玄帝，传说他原来是净乐国的王子，姓李，名乞小。他长得眉清目秀，在15岁的时候，抛弃了江山去武当山出家做了道士。他在武当山朝夕讲经说法，潜心修炼，道成的时候，已经2500岁。

　　后来紫虚元君教授了他无极大道，称他为"北方真武大帝"，让他镇定北方，掌管阴间一切善恶，普济众生。

　　有一天，真武大帝出山，一来是想察访世间善恶，二来想找个好山头登基坐殿，享受一下人间烟火。于是，真武大帝云游四海，遍访名山，驾云到齐云山。他俯瞰全山，只见群峰峻秀，怪岩纷呈，山泉

飞洒，云烟缭绕，横江两岸古木苍郁，茅屋村舍点缀其中。

他不禁叹道："呵，好一个人间仙境！"

喜出望外的真武大帝便降临于齐云山巅，他遨游洞天福地，越过桃花涧，来到了真仙洞府。却看到天门掩蔽，无路可通。真武大帝游山急切，于是运足神力，一脚蹬开了天门。

只听"轰"的一声巨响，石穿洞开，豁然开朗。见到了另一番景色：巨岩如围，岩洞藏幽，山泉飞洒，点点滴滴，发出击玉般的声响，串串山泉构成珍珠帘屏。

真武大帝穿门而入，沿路美景尽收眼底，喜不自胜。过了天门，真武大帝不知不觉地来到月华街。这里的山势更加优美。齐云岩酷似一把金交椅耸立在街中心，背后是玉屏峰，左右钟鼓两峰护列。

前面是卓立挺拔的香炉峰，五股山泉飞注于齐云岩下，左有青龙盘踞，右有白虎蹲立，前有黄山"三十六峰"环绕其外，构成了一个天然的宝座。

真武大帝见到这番美景喜不胜收，留恋难舍。他心想："我真武

大帝在武当山苦修2000余年，而今修道已成，何必再孤守武当？不妨就此建座行宫，占它香火，我在武当修行，夜回齐云显灵，来去自如，有何不可？但我这无形的灵神，若在此山定鼎还须有个偶像寄托，才好招来八方香火。"

真武大帝正在冥想，忽见一朵祥云飘来，到真武大帝面前化作了一名仙子，供揖参拜真武大帝道："仙长驾临此山，乃草木有幸，妙乐天尊揣知仙长心事，使我前来劝君。"真武大帝谢恩又将方才所思所想告诉了仙女。

仙女应命告别了真武大帝，回去之后立即传召全山百鸟，即日兴工。霎时间百鸟云集，羽翼蔽日。众鸟众志成城，不几日，就塑起了一尊真武大帝神像，威严夺目。

光阴迅速，到了南宋宝庆年间。云游道士余道元自黔北来齐云山，夜里梦见一个道长披发跣足，对他说："吾居齐云岩，已候你多时。"

余道元梦醒以后就去齐云岩寻找，果然寻见一尊泥像，与梦中的一模一样，他又惊又喜。于是号召居住在山里的居士募捐装饰这尊泥像，还建造了"佑圣真武祠"，烧起香火，日夜供奉。

第二年，余道元请内相程铋题"云岩"两字刻于石上，这两字为齐云山最早的摩崖石刻。

后来四围乡村的百姓遇到蝗灾、旱涝，或者想要祈福、求嗣都会来真武大帝神像这里，人群络绎不绝，并且传说有求必应、神威江南。

道士们后来也纷纷驻守山上，在岩洞内和道房供上真武大帝像，真武大帝的香火越来越旺盛。与此同时，朝廷也开始下令在齐云山建筑道教宫观。

据不完全统计，在宋代期间，兴建的宫、观、道院、祠、殿及神仙洞府达到百余处，宫阙十分壮丽。

知识点滴

传说真武大帝的形象非常威武，其身长百尺，披散着头发，金锁甲冑，脚下踏着五色灵龟，按剑而立，眼如电光，身边侍立着龟蛇二将及负责记录三界功过善恶的金童玉女。

据道经记载，真武大帝是太上老君第八十二次变化之身，托生于大罗境上无欲天宫的净乐国，是净乐国善胜王后梦见自己吞日而孕，怀胎一年多之后生下的，国王和王后给他起的名字叫"太玄"。太玄很小就显露出聪颖的天资，十岁时，便可读各种书籍至过目不忘。太玄一心向道，并发誓要扫尽妖魔。

明世宗上山求子使道教兴盛

　　自从宋代朝廷下令在齐云山正式建筑道院，齐云山道教逐步有了发展。直至明代，明宣宗在1429年下令建造"三清殿"于拱日峰下，从此齐云山道教兴盛起来。

　　明世宗登基后，非常崇信道教，并且诏宣天下有名的道士出入宫禁，齐云山道教也随之进入鼎盛时期。

明世宗非常醉心于道教，重用道士，热衷青词。他所制订的崇道国策以及在此基础上的一系列修仙活动，影响了整个明代嘉靖朝的政治、经济、文化和社会生活，甚至决定着众多朝臣的荣辱沉浮。正因为明世宗崇信道教，凡事皆要举行斋醮法事，也形成了举国上下皆奉道，从而使道教更加深入民间。

在1532年，明世宗因无子嗣而十分忧愁。这时，明世宗得到了祖籍是齐云山本地的近臣汪铉的进言，说汪铉家乡的佑圣真武祠内供奉的真武大帝非常灵验，可以让道士去那里举行斋醮法事求子。

于是，明世宗下召让龙虎山正一道第四十八代嗣汉天师张彦率众往齐云山为皇帝求子。在齐云山，张天师求签得到顺签，后来明世宗果然得到一个儿子。

明世宗大喜，下旨扩建佑圣真武祠，并赐名为"玄天太素宫"，还亲自撰写了《御碑记》：

朕于壬辰年，因正一嗣教真人张彦，奏令道众诣齐云山建醮祈嗣，果然灵应，自时设官焚修，赐建玄天太素宫于齐云岩。

据传说，齐云山的这个名字就是因为明世宗为求子亲自来到这里，看到它高峰耸立，如"一石插天，与云并齐"，因此赐名为"齐云山"，并且明世宗还为齐云山亲题了"齐云山"匾额。

明世宗求子得到应验以后，"求子"就被视为齐云山最灵的祈福主题了。百姓们求子的首选就是明世宗求子所去的"玄天太素宫"，还有一部分香客则会去圆通岩的"侧卧观音"。

后来，第四十九代天师张永绪和第五十代天师张国祥又先后受命再上齐云山，建醮祈祀，宣扬秘典。从此齐云山更加声名大振，成为江南正一道的著名道场，以致原来在齐云山的全真派也依附于了正一道，并逐渐形成了齐云山道教文化谱系。

来齐云山求子的香客们为了预测生男生女，一直流传着这样一种做法，即在齐云山的罗汉洞内燃放炮仗。

炮仗燃尽之后，他们会趁着天黑的时候再次回到罗汉洞，在洞里摸炮仗壳。

传说如果他们摸到了红色的炮仗壳，就表示会得到儿子，如果他们摸到绿色的炮仗壳，则表示会得到女儿。这种做法后来被作为一种风俗流传了下来。

知识点滴

渐入仙关的望仙亭传说

　　在明代，齐云山修建了大量宫观，其中著名的"九里十八亭"也是在这个时期修建起来的。但后来大多被毁，只有少数存留下来，如望仙亭等。望仙亭，原名冷水亭，亭上有用朱红色的漆描画的彩绘，雕梁画栋、华丽典雅。站在亭上居高临下，山川美景可以尽收眼底，因此人们又称望仙亭是齐云山的"门阙"。至于它为什么改名为"望仙亭"，这里面还隐藏着一个发人深省的传说。

　　传说有一天，八仙之一的李铁拐云游来到齐云山的洞天福地静乐宫。静乐宫的灵乙道长见来者一只瘸腿脓血淋漓，背上还背着一只大葫芦，于是生了恻隐之心，当即收留了他。

　　灵乙道长门下有一位道徒，名叫布根祖。布根祖长得尖嘴猴腮，并且心术不正，整天背着灵乙道长偷偷喝酒，又爱占一文半分的小便宜。他看见道院内来了个浑身脏乱的乞丐，脸上显露出了嫌弃之色。

　　李铁拐看在眼里，却假装不知道。而灵乙道长每天用上等斋饭款待李铁拐，并踏遍齐云山，采集吸收"山川之灵，烟霞之气"的灵丹

妙药，给李铁拐熏洗脓疮，煎汤口服，制膏外敷。为了便于照应，灵乙道长还与李铁拐在一张床上休息。

一天上午，灵乙道长在道房内闭目打坐的时候，布根祖装作扫地之势，想要驱赶李铁拐出门。李铁拐却毫不介意，干脆坐在地上，解开衣服挠痒痒、捉虱子。

布根祖见他这样便没有办法了，转身要走。这时布根祖突然看见从李铁拐的裤腰间落下一块碎银子，他顿时眼前一亮等到李铁拐离开，布根祖连忙拾起那块碎银子藏进了道袍的袖子里。

光阴似箭，不知不觉已经过了九九八十一天。李铁拐"康复"之后，便要告辞。李铁拐盥洗时，又故意将一颗夜明珠忘在案上。

布根祖倒洗脸水的时候看到这个宝贝，爱不释手，就又瞒着师父，将夜明珠扣在了脸盆底下。

当师徒两人送李铁拐下山的时候，来到冷水亭，李铁拐说道："实不相瞒，我乃八仙中之一的李铁拐是也，意欲度化二位，请您师

徒闭上双目，抓住我的铁拐，随我成仙去吧！"

这时布根祖猛然想起脸盆底下的那颗宝珠，便谎称道："李仙，师父，等我去把邋遢仙宝座前的长明灯加点油就来！"

于是布根祖赶回静乐宫，翻开脸盆一看，哪有什么夜明珠，分明是颗石子。又忙从道袍的袖子里掏出银块一瞧，原来是团泥巴。

布根祖心道不好，连忙赶回冷水亭，但只见李铁拐和灵乙道长已经腾云驾雾而去。布根祖望着冉冉飞升的祥云，悲切地喊叫："师父、李仙，等我呀！"

只听李铁拐在云端里抛下一句话来，说："布根祖，你六根不净，见利忘义，意求成仙，还需修行九九八十一年！"

布根祖站在冷水亭旁，望着云端里缥缈的师父，迟迟不肯离去，但他后悔已经晚了！从此，他天天立在望仙台上望云兴叹，他的身躯变成一块立着的石头，而冷水亭也改名为"望仙亭"了。

明代望仙亭建成时，正是齐云山道教的鼎盛时期，上山进香的香客络绎不绝。至清代，齐云山道教继续发展，虽然不是很被朝廷所重视，但道教文化仍得以延续。至乾隆年间，乾隆帝还称齐云山为"天下无双胜地，江南第一名山"。

后来，齐云山道教宫观经过了很多天灾人祸，大多被毁掉和荒废了。存留下来的有东阳道院、伯阳道院、梅轩道院、海天一望和望仙亭等，而玉虚宫、罗汉洞和太素宫等，都是后来修复的。修复之后的齐云山道教宫观重现了昔日的辉煌。

传说李铁拐经常化作乞丐点化人。说有一个江湖游医善于治疗跌打损伤，并且颇有医德，若是病人无钱，他就分文不收。李铁拐来到游医门前，要他为其治疗瘸腿，并声明无钱支付医费。游医见李铁拐着实可怜，就细心地为其治腿换药。

谁知那腿越治越糟糕，李铁拐不由破口大骂。游医心有愧疚，为其买狗肉补养身体。李铁拐吃完狗肉，把游医的药料倒在狗肉汤里翻搅，然后将熬成糊的药料，往墙上的狗皮抹去，然后敷在自己的瘸腿上，再把药料揭开，腿就完全好了。正在游医发愣之时，李铁拐隐身远去了。游医这才明白，是神仙在点拨他。后来，他就用李铁拐教授的方法给人治伤，十分灵验。

知识点滴

道教与民众相融的生活图景

　　齐云山道教属于正一道，尊老子为始祖，以《道德真经》为依据，主要供奉的是真武大帝。

　　正一道的组织比较松散，戒律也不是很严格，他们不像全真教禁

止嫁娶、禁戒酒肉等。正一道的道士可以有家室妻小，非斋也不忌酒肉，俗称"火居道士"或"俗家道士"，因此齐云山的道士大多都有家室妻小。

多少年来，齐云山的道士一直不仅有妻室儿女，甚至连妻室儿女也随同住在道院宫房中。他们平时也会从事生产劳动，和普通人没有区别。只有事主来邀请或有道教节日的时候，他们才会脱下俗衣换上道士打扮，做起传统道教科仪。

齐云山中的道院也和一般民宅没有太大的区别，除了一般道教宫观都有的雕梁画栋、错落有致、与自然峰岩浑然一体的特点外，齐云山的道院在外形和功能上就是一个典型的民居，而且大多数的道院和山中的民居是不相分隔的。

齐云山的道院主要集中于山上的月华街。把这条街取名为"月华"，是因为它的建筑布局宛如一轮新月。在月华街上，道教宫观和杂货店铺栉比，祭祀的香烟和做饭的炊烟互绕，形成了一幅道教与民众天然相融的生活图景。

后来，有人用"中国道教第一村"来形容齐云山，这个称号不仅说明了齐云山具有丰富的道教文化内涵，更说明了齐云山道教的民间性和乡土气息。

道教能够在齐云山立足发展，在很大程度上也是迎合了当时封建时期的社会状况，尤其是迎合了徽州民俗的结果，也正是因为如此，齐云山的道教才具有了浓厚的徽州地域文化特色。

除了道教宫观是齐云山道教的显著特色以外，宗教信仰活动也是齐云山道教的一个重要内容。

徽州地区百姓所供奉的神有很多，有祖先神、行业神、自然神和乡土神等，是一个拥有多神崇拜的地域。但基础广泛的仍是传统的

佛、道二教。佛、道二教在徽州下层民众的思想中已经根深蒂固。一到道教节日时，到齐云山进香的人总会络绎不绝。

齐云山上的道士大多出自于婺源县，住在山上的道士虽然不是很多，但每一个道房均有一批后备力量，都是本房在原籍婺源培养的道徒，平时散居在自家务农做工，每年秋后香汛期间就会应邀进山佐助法事，入冬回籍，这都已经成为了惯例。

每逢一届秋令，来进香的香客便会络绎不绝，从农历的七月初一开始，直至十月初一才结束。

七月初一，会由道长为首，率领各院道房道众大斋3天，并在玄天太素宫做大型禳火道场，祈求真武大帝保佑香火平安，道业兴旺。

七月十五，各院房道士就会汇聚太素宫，做水陆道场。此后，浙江省淳安、开化县，徽州及相邻各县香客和香会团体组织也会陆续起程来到齐云山进香。

"三多会"的进香日为七月十九，"屯溪永敬会"进香日为九月初一。

而九月初九日，则是"真武大帝登极日"，也是齐云山香火的最高潮，在山香客往往达5000余人，其中也包括来自江西、浙江等地的朝山香会。

朝山者三天前就要虔诚地沐浴斋戒，将家院洗刷一新，不容半点荤腥血秽。启程之日，要穿着得整洁朴素，肩背黄布香袋，上写"齐云进香"，下写某香会字样，由香会的会首领头，肩荷进香大旗，鸣锣开道。各式旗幡、各色凉伞相随，丝竹之声和鸣，爆竹震耳。行进中逢观遇庙，均需焚香叩拜。

到了齐云山，道房派有专人为各香客的香袋加盖"齐云进香印鉴"，香袋上印鉴越多，就表示进香的次数越多。香客也会根据自身经济状况捐输香火钱。有的香客还会挑选、采购本山土特产品带回赠送亲邻，这个俗称"结缘"。

第三天便偃旗息鼓离山返回，至登封桥回香亭，将剩余的香烛纸箔全部烧化。

在后面还有"百子会"等。等到所有道教节日都结束了，道士们也就会再各自回到各自原来的地方等待下次的秋季香会。

知识点滴

每到香会的时候，人们都会上齐云山进香和游山，会自发组织"百子会"，会名有"祁城""长生""风玄"等，俗称"祁城百子""长生百子"和"风玄百子"。

百子会由一两百人组成，设若干个"香头"，即进香的头领，每个香头管辖十一二个人。香头的任务是收缴会费、经管账目和联系进得游客的吃住事宜。

农历九月十六为进香日，香客手持灯笼和纸扎的香亭，绕县城一圈，然后步行上齐云山。在山上先观看各道院道士打醮、进香，然后就会逛月华街，领略齐云山风光，晚上就会住宿在长生楼，次日下山返城。

三清山

  三清山坐落于江西上饶东北部，因为它的玉京、玉虚和玉华三峰十分险峻挺拔，犹如道教所供奉的玉清、上清和太清三位尊神列坐其巅一样，所以取名为三清山。

  三清山是道教中全真教的祖山。它集天地之秀，纳百川之灵，是华夏大地上一朵风景奇葩，并且自古享有"清绝尘嚣天下无双福地，高凌云汉江南第一仙峰"的美誉。

  三清山兼具泰山之雄伟、黄山之奇秀、华山之险峻、衡山之烟云和青城之清幽，被国际风景名家誉为世界精品、人类瑰宝和精神玉境。

葛洪见三清降临而入山炼丹

　　据史书记载，三清山道教开始于东晋时期。在357年至361的东晋年间，医药学家、炼丹术士葛洪到三清山结庐炼丹，他是三清山道教的第一位传播者，所以后来葛洪也被称为三清山的"开山始祖"。

　　晋朝时期，很多有学识的官员辞官归隐山林，炼丹修道。一时间，晋朝道教兴盛，炼丹之风盛行。葛洪正是在这一历史背景下，辞去官职，来到江西三清山炼丹修道。

　　当时与葛洪同来修道的还有一个尚书名叫李褒山，如今在三清山玉化峰上还刻有"尚书悟仙台"的字迹，并且在三清山东麓还有一座名为"挂冠岭"的岭，传说尚书李褒山就是在此决心入道修炼的。

　　传说东晋升平年间，有一天，一个身穿麻衣，脚着双草鞋的老道，来到三清山脚下。他抬头西望，只见前面群峦叠嶂，有3座巨峰耸立在天地之间，不禁连声赞道："好山！好山！"，便连忙向路过的老农打听这是什么山。

　　老农说："我家三代住在这里，也不知叫什么山。听老辈人说，这山峰上面，常有异光紫云出现。"

老道想山上既有异光紫云，决非俗境，决定上山查看一番。老道一边攀登，一边观赏，不知不觉来到了一片密林中。忽然，他看见浓荫深处有一间简陋的茅屋，还有一个书生模样的老人正在灶下烧火做饭，老道便向茅屋走去。

那老书生见来了一个年已古稀的出家人，便请入内，留他吃饭住宿。饭后，老书生问起老道法名，从何而来。

老道答道："贫道姓葛，单名洪，号抱朴子，本在西湖旁岭上炼丹。今日路过这里，因见这三峰奇绝瑰丽，且听说有异光紫云凝聚，特来拜谒。"

老书生一怔，忙问："道长莫非是当朝关内侯葛洪？"

葛洪道："正是。可我早已弃官入了山门了。请问老先生尊姓，因何一人独居山林？"

老书生长叹一声说："小弟姓李，名褒山，本在户部供职。因为朝政不振，征敛无度，奸佞肆虐，导致饿殍遍地。皇上不听忠谏，反而姑息养奸，我一气之下，告了长假，来到了这里。"

葛洪说："李尚书告假隐居，不问世事，洁身自好，倒是自在多了。可惜饥民饿殍仍不绝于世，只是你闻若未闻，见若未见罢了！这不是自己骗了自己吗？"

李褒山一惊，道："以您之见呢？"

葛洪说："不如随我入山，潜心修道，布扬道义，结庐炼丹，普救众生。"

李褒山听了，不由沉思起来。回想在朝供职之时，常听同僚说葛洪自小就学习炼丹之术，不仅善于医道，而且能以丹药为百姓治病，百姓都叫他葛仙。如若随他入山，虽然超脱凡尘，免去了许多烦恼，但却枉读了数十年的诗书了，落得被人讥笑，于是抬头对葛洪说："此事且容我再想一想。"

葛洪点点头独自一人信步来到岭上，观赏起月下景色来。这时，远远传来一阵丝竹之声，十分好听。葛洪正在惊疑，又见三朵五彩祥云，从天上徐徐落在三峰之上。那三峰顶上便各升起一道祥云瑞气把群山照得如同白昼。

葛洪又惊又喜，因为他听师傅说过，大凡山上有祥云凝聚，必有大仙降临。今日祥云聚于三峰，足见这山绝非俗地，便连声喊："李尚书快来！"

李褒山正在屋里徘徊沉思，听见喊声，忙走出来，见此情景，直惊得目瞪口呆。葛洪一把拉过李褒山说："这三峰，分明是三清列座的仙山，今日既已看见，机缘非浅，你现在还不快随我入山，永离凡尘，还等何时？"

李褒山疑惑地问："何谓三清？"

葛洪说："三清就是清微天玉清元始天尊，禹余天上清灵宝道君，大赤天太清太上老君。"

"如此说来，李某遵道长之命！"李褒山忙朝葛洪一拜，紧随葛洪，直朝峰顶走去了。这条岭，后人便给它取名为挂冠岭。

两人登上峰顶，却见3个白发长须老翁盘坐在巨石之上，二老正在下棋，另一老翁在旁观看。葛洪想这三个老翁个个鹤发童颜，定然是三清天尊了。

葛洪和李褒山正想上前朝拜，突然从他们身后跳出一只猛虎，长啸一声，直扑葛洪和李褒山。葛洪忙闪身岩后，李褒山躲避不及，吓瘫在地。葛洪扶起他时，3个老翁已各自骑上四不像、梅花鹿、斑虎，驾起祥云飘然而去了。

葛洪和李褒山朝天拜了八拜，便在玉峰山下定居，一面炼丹施舍给当地的百姓治病健体，一面著书立说，宣扬三清教义，丹炉紫烟终日不断，求赐丹药的人络绎不绝。

知识点滴

后人为了纪念葛洪，把葛洪炼制丹药的地方称为"葛仙观"。至今，葛仙观旧址上还有葛洪凿石而成的八卦炉和李尚书的铸铁炉的遗迹。

葛洪炼丹处旁边有一块石头，因为炼丹时冒出的紫烟被熏成了紫色，因此得名为"紫烟石"。而三位天尊对弈的大石被人称为"棋盘石"，至今石上棋盘纹络仍清晰可见。

葛洪造福黎民的诚心感动天帝

在葛洪炼丹的遗址上，有当时葛洪炼丹用的丹井。丹井圆口，直径大概在1米左右，四周石板铺地，深丈余，水清如镜，终年不涸。

相传，这口井是葛洪和李褒山合力开凿的。晋代葛洪和李褒山上山炼丹时，曾因没有水源而发愁，后来葛洪的诚心感动了天帝，天帝才帮助他们凿出了一口井，使井里冒出了股股清泉。

葛洪在三清山见到三清尊神下棋后，就回到了住处，

简单收拾一下东西，就带着清风和明月两名弟子前往三清山与李褒山汇合。

他们4人站在天门峰上，举目四望，只看见四周古松参天，奇峰罗列，云生幽谷，雾绕琼台，仿佛人间仙境一般，都不禁赞叹三清山是一个洞天福地。

清风和明月也不禁佩服仙师的选择，但可惜的是这山顶上既没有岩洞或道观可以栖身，又没有任何人家，就连水井也没有，几乎与世隔绝，连生存都很困难，想到这，清风和明月不禁皱起了眉头。

葛洪看出了弟子们的疑惑，领着他们在山上查看了一番后，指着天门峰下古松林中一片盆地说："这里面对玉京峰，背倚天门峰，左有龙首山蟠绕，右有虎头岩拱卫，我们就在松林里搭个草棚吧！"

于是葛洪4人一起以古松为栋，青竹为椽，编茅为顶，编竹为篱，盖起了一座茅棚。草棚盖好之后，葛洪看着草棚大笑了起来，捻着长

髯说："就叫它'碧蓬宫'。"这就是三清山开天辟地以来的第一座
"道教宫观"。

随后葛洪他们又四处察看水源。却怎么也找不到，到处都是苍松
翠竹、灌木丛生，偶尔露出来的几块花岗岩山体，也都像铁一样坚
硬。看罢回来，两名弟子面面相觑，李褒山也不知道该如何是好。

于是葛洪恳切祈祷天帝，道："在下葛洪来此山修道炼丹，企盼
能够炼出仙丹造福苍生，乞求天帝让我们开凿一口井吧！"随后，他
们便齐心协力，动手凿井。

在经过七七四十九天的漫长开凿以后，天帝被他们的精诚感动，
让井底涌出了股股清泉，不多时便汇成了满满的一口井水，泉水清澈
透明，光可照人。

葛洪伸手取得泉水，用瓢舀出品
尝，只觉得泉水清冷甘洌，顿时喜不
自胜。恰好，明月当空，星斗灿烂，
葛洪手捻银髯，盘膝坐于石上，笑
对明月、清风和李褒山3人，说道：
"道所以大，在于法本自然，包罗宇
宙，囊括万物之理。《道德经》记
载：'道之为物，惟恍惟惚，恍惚
中有像，恍惚中有物。'明白这个
道理，也就掌握了"有无相生'的
玄机。"

明月、清风和李褒山听了葛洪的
开导，顿时茅塞顿开，领悟到了前所

未有的玄机妙理，之后更是竭尽精诚地跟随葛洪修道炼丹。而这口井，被后人称为"仙井"。

自从葛洪在三清山结庐炼丹修道之后，三清山就逐渐成为历代道学名流所向往的地方，被人们尊为道教圣地。

进入唐代之后，唐王朝尊奉道教为国教，并且被神化了的春秋时代历史名人老子李聃也被加封为"太上道德真君玄元皇帝"。无论是主张炼丹修道的全真道派，还是驱魔祈福的正一道派，都得到了皇帝的重视和利用。

唐玄宗就是其中的一个代表性的例子，他经常服食"仙丹"，以求达到长生不老的目的。

据说葛洪临死之前，曾写信给他的朋友广州刺史邓岳，信中说他要到很远的地方去访师，马上就要出发了。

邓岳接到信后，急忙从广州赶往他住的地方，想要给他送别。谁知邓岳到达当天的中午葛洪就已逝世，邓岳没有能见到他的生面。葛洪去世后的面容如同睡着了一般，并且尸身柔软，面色如生。传说当人们抬其入馆时，猛然发现葛洪的尸身只剩了一件衣服，抬头发现他已经驾鹤而去。

三清山道教的兴盛之路

时至唐朝，道教被朝廷奉为国教，方士穿行往返于大江南北，三清山的道教也随之兴盛起来，香火不断，朝山香客络绎不绝。

大约在639年，方士们用化缘所得的财物在葛洪结庐炼丹之处建造了老子宫观，进一步巩固了三清山在道教史上的重要地，后来被人们称为"三清福地"，后来因为年久失修被毁。

至宋代，宋王朝为了维护其不稳定的封建统治，更加

注重利用道教，不惜耗费数十万的银两，兴建道教宫观。并且宋徽宗自号"道君皇帝"，集神权、皇权和人权于一身，三清山道教也因此开始兴盛起来。

宋真宗笃信道教，奉老子为太上老君混元上德皇帝。在1108年左右，在三清山一带开始出现成批的道教建筑。方士们为了纪念葛洪开山之功，在山上建起了葛仙观，内中供奉葛仙翁和李尚书石像。

方士们还在天门峰的悬崖之上用天然花岗岩雕砌成一座六层五面的风雷塔，此塔历尽千年风雨，至今岿然不动，被誉为三清山上道教建筑中的一颗灿烂明珠。

在同一时期建起的还有福庆观和灵济庙等。灵济庙，古称龙王庙，坐落于三清山的金沙村，是三清山的东大门。传说，这个龙王庙是为离金沙村不远的冰玉洞里的小黄龙所建的。

冰玉洞在金沙村西南约1公里处，是一个木林茂密地带，林中一条飞瀑从悬崖上奔流而下，落入崖下潭中。潭呈漏斗状，百姓都称它为"龙潭"。有人用100米长的绳子系一个大秤砣从水面上往下沉，待绳子放完，秤砣仍未着底，也正是因为潭水很深，所以在当地的百姓中有这么一个传说：

有一年，金沙村的冰玉洞来了一条小青蛟，它是孽龙精的儿子，以冰玉洞的潭为窝，并且要求当地的百姓每年送两对童男童女给它吃，不然就要兴云作雨残害百姓。齐云山的百姓痛苦不堪，大多都举家迁往别处。

后来，金沙村又来了一条小黄龙，是东海龙王的侄子。小黄龙生性善良，不忍心看着金沙村的百姓被小青蛟折磨地这么痛苦，决心要杀了小青蛟为民除害。后来，在乡亲们的帮助下，小黄龙杀死了小青蛟，但是自己也受了重伤，再也无法离开冰玉洞的龙潭。

玉帝念他为民除害有功，便封他为冰玉洞龙潭的龙王，使它掌管三清山这一带的风和雨。人们为了纪念小黄龙舍身救众生，便给他建了个龙王庙。

后来，据《玉山县志》《王茗韩氏宗谱》等史料记载，有一年齐云山所在的地方大旱，百姓都没有吃的，齐云山的百姓一起去龙王庙祈求龙王降雨。说也奇怪，齐云山那地方便真的降雨了，齐云山的百姓

得以存活下来。

当地的官员将这件事上奏于朝廷，宋理宗赵昀听到金沙龙王庙显灵了，认为它护佑百姓有功，于是降旨赐庙额曰"灵济"，从此龙王庙改名为"灵济庙"。灵济庙里还有一块匾额，上面写着"慈云普覆"，传说是康熙皇帝微服下江南的时候，由玉山经紫湖到三清山。在三清山的时候，康熙皇帝觉得酷热难耐，这个时候得到了乡民奉献的香茶解暑，又听说灵济庙慧悟大师经常布施三清山的黄金茶为百姓解除酷暑热病之苦，不禁龙颜大悦，亲赐了"慈云普覆"匾额一方给与灵济庙。

现"慈云普覆"木质残匾仍在庙中，虽然已经字迹斑驳，但还可以辨认出这4个苍劲有力的大字。

知识点滴

风雷塔矗立于世界自然遗产、国家重点风景名胜区三清山三清福地东北方向的悬崖峭壁上。它前临深谷，气势险峻。

塔以悬崖上的巨石为基，用整条花岗石按照仿唐宋楼阁式的六层六面实心雕琢而成，与塔基拼接得天衣无缝。

塔檐六角稍向上翘，塔顶为葫芦形，塔底截面宽0.62米，塔高1.96米。塔身6层，加塔顶宝葫芦共7层，古朴玲珑，千百年来迥秀屹立，岿然不动，是三清山风景明珠，古建石雕艺术的珍品。

太极八卦式的建筑布局奥秘

　　1170年，道教信徒王霖捐资建筑三清宫。他率领工匠历尽千辛万苦，终于修出了一条登山的道路。直至走到天门峰下的葛洪炼丹修道的遗址上，找到了当年葛洪的丹井和丹炉遗迹。王霖决定把三清宫建在离丹井不远处的"老子宫观"遗址前。

宫观为坐北朝南，门朝玉京峰，背倚天门峰，按《易经》后天八卦图布局。东边有龙首山，应青龙之象，西边有虎头岩，应白虎之象，南有玉京峰，应朱雀之象，北有古丹井，应玄武之象。

历时一年，三清宫道观落成，内供三清尊神。自从三清宫建成，三清山便成为了道家的洞天福地之一，历代名流和慕名登临游览的人络绎不绝。

至元代，元王朝为了使天下更加安定，大力提倡道教，因此齐云山的道教进一步受到了重视，建造了很多道教宫观，三清宫也被进行了扩建。

此时的三清宫内供奉的是石仙君、葛仙翁、李尚书、金童、玉女和潘元帅神像等。山上景物、地点也以道教称谓命名，如仙人桥、雷公石和判官石等。

在同一时期，三清山出现了许多道士。有全真派的方士，他们专门从事道教活动，多时达几十个人。而更多的则是正一道的方士。

他们都受道教经典戒规的约束，谙熟各种醮祷仪式，在各个地方从事着道教活动。他们的道教活动分为两种。一是阴事，超度亡灵，如做功德和关殓等；二是阳事，如打醮等。

在元代，三清宫建筑群经过扩建之后，香火更是繁盛，但是后来由于年久失修渐渐荒废了。

至明太祖朱元璋时代，朱元璋特别推崇道教。他封张天师为全国教主，所以贵溪的龙虎山成为了全国道教活动中心。

三清山距龙虎山近在咫尺，传教和化缘的方士来往频繁，联系也极为密切，三清山的教务活动几乎直接在张天师控制之下进行的，所以此时三清山上的朝拜之风非常兴盛。

散居于赣、浙、皖、闽的方士和信徒，每年的八九月份，都要组

织香会"一年朝三清，一年朝少华"。他们结队而行，以三清神像和旌旗开道，点燃香烛，抬着猪牛羊各种祭品，并配以鼓乐，吹吹打打，浩浩荡荡向三清山进发，每日多则上万人，少则几千人。

后来，在明代的1450年至1457年间，王霖的后人王祐重修了三清宫，期间还延请了浙江常山的全真道士詹碧云协助其事，布景缀点、摩崖刻石和铺路架桥。并且，随着三清宫建筑群的完成，三清山的道教也达到了鼎盛时期。

这次重建是由詹碧云亲自规划设计，历时3年。他依山布景，沿山铺道，遇水架桥，凿岩造像，外层按照"伏羲先天八卦图式"，内层按照"文王后天八卦图式"，核心按照"北斗星空图式"隐秘布局。

东从金沙龙泉桥，西从汾水步云桥，至风门天人合一，到天门三清福地，终玉京峰顶，工程浩大，气势恢宏。

按景布局所建设的宫观、亭阁、石刻、石雕、山门和桥梁等有两百多处，使道教建筑遍布全山，因为它们都是依据八卦图式精巧布局的，所以规模与气势，都可以与青城山、武当山和龙虎山媲美。因此，也成了我国研究道教古建筑设计布局的建筑瑰宝。

随着三清宫建筑群重建的完成，三清山成为了道教文化圣地，享有"清绝尘嚣天下无双福地，高凌云汉江南第一仙峰"的美誉，是道教人士必访之地。

道学本身是一种玄奥的哲理，体现在三清山道教建筑中，则变得十分具体。王祜和詹碧云所建的三清宫在地形与山势的选择上，都是按照道学的要求进行布局。

三清宫位于三清山的北部，雄踞于三清山之巅的龟背石上，是三清山人文景观的集萃地，被人们成为道教古建筑群的"露天博物馆"。它前临净衣、清华和涵星三口大池，后有万松林玄泉发源处。

三清宫背后的九龙山脉从东南方向突起，蜒伸展到东北的龙首崖，很像一条巨龙凸起的脊背，它挡住了来自东南与东北方向的季风。

虎头岩从西北向的飞仙台山崛起向上延伸至紫烟石与北面的天门山相连如一只巨虎蹲伏，阻挡了西北寒流朔风。

东边的龙首崖和西边的虎头岩，这两座山岩正好对应着左有青龙，右有白虎之象。而前面的紫烟石，后面的万松林，则对应了朱雀、玄武之象。

王祜和詹碧云重建的三清宫的特点不仅在山势地形上更为精密，并且将整体布局从后天八卦图式改为先天八卦图式。

王祜迁至九龙山下的三清宫就是整个布局的核心，是太极八卦图的中心，即无极。三清宫的前后两

殿，则分别象征着阴阳二极，即太极，而其他的建筑则围绕这个核心往八方辐射，各占一卦的位置。

在三清宫的南方建有演教殿，象征乾；在北方建有福池门，象征坤；在东南洼地里建有九天应元府，象征兑；在正东建有龙虎殿，象征离；在东北建有风雷塔，象征震；在西南以"金鼓石"象征巽；在正西开掘了涵星池，象征坎；在西北则建有飞仙台，象征艮。

所有这些都些都紧紧围绕着一个中心，即三清宫，体现了道家的宇宙观，即"道生一，一生二，二生三，三生万物"的思想。充分体现了道家"道法自然"的运用和对"天人合一"的追求。人文、自然景观的自然统一。

以上八部景物建筑，都围绕着三清宫，如同众星捧月，组成了有机整体。这样的建筑设计布局，在我国建筑史上实为罕见，一变中轴线分自迭进的格局，使建筑物主次分明，八方呼应，互相烘托映衬。

这不仅突出了中心建筑物的主导位置和庄严神圣的非凡气概，又显示了周围建筑物的凝聚力、向心力和自身应有的灵动性，充分体现了"道法自然"的哲理和《易经》"八卦"所蕴藏的"变易"的潜能和内在的力度。

这些古建筑借山势造型，各具特色，形态逼真、自然生动并且遍布全山。有条不紊地形成了一个奇妙的有机总体，非常突出地表现了道家学说的宇宙观。

这些道教宫观，不仅在总体布局上体现了道家的宇宙观，即在每一景物的选址上，也充分体现了道家"有无相生"的变易法则。例如风门、逍遥路、众妙千步门和冲虚百步门等，往往在迂回曲折处豁然开朗，于山穷水尽处柳暗花明。

并且，这些景物也渗透着道家动与静、虚与实、巧与拙和藏与露的朴素辩证法。例如风雷塔和龙虎殿等，都是借势造景，借景传神。

东面的龙虎殿雄踞千仞峭壁之巅，险峻威严；西面的飞仙岩峙立

幽谷深渊之上，气势浩然；北面的天门、丹崖，在云雾缭绕中仙风缥缈；南面的玉京峰，高耸云天，气势巍峨，挺拔壮观。

王祜将这些沉静的古建筑以日月之运行、山峦之起伏和云海日出之变幻为背景，藏身于山川草木之中，反而把它们衬托得更加灵气。

王祜所建的三清宫与宋代王霖所建的三清宫相比，规模大了许多，而且在总体布局上也建设得更加和谐，形成了多样而统一的道教宫观布局。

三清宫前面的天门峰像一面展开的巨扇，成为一个天然屏障。三清宫后方的方松林苍翠浓密，簇拥着三清宫的铁瓦朱墙。

溢彩流丹的三清宫就这样被前呼后拥着。它四周**虎踞龙盘**很像一颗彤红的丹珠，镶嵌于三清山之巅的万绿丛中。

三清宫外墙是花岗岩石质构成。殿前是一个400多平方米的院子。在院子里有一个巨大的花岗岩石香炉，在香炉的基座四脚上有石雕的螭头。石香炉前方是一个方形石香亭，亭的上盖由一块整石雕琢而成。

三清宫开3门，正中大门外设台阶5级，阶下殿檐滴水处建了长方形的水池一方，阻挡在大门之前，古代名为"龙泉池"，后改名为"阶下囚龙池"。

在阶下囚龙池的池底西南角有石雕潜龙头一尊，泉水从龙口吐出。龙头东前方石香盆基座上刻着"火龙珠"图纹一幅，紧靠龙头南边池底是阴沟排水口，雨天有水从中溢出将龙头浸漫。

在阶下囚龙池北面正中为三清宫的石牌坊。牌坊为3开间花岗岩构成。牌坊上有前后两副对联刻在牌坊的石柱上。前面一副对联：

> 云路迢遥入门致鞠躬之敬，
> 天颜咫尺登坛皆俯首之恭。

后面一副对联：

> 登殿步虚升太虚上之无上，
> 入门求道悟真道玄之又玄。

牌坊横额上书"三清宫"3个大字。

在牌坊前左右各有石雕神龛一座，内供魁神和灵宫的石像，造型威武。站在石坊处仰观三清宫，可见有一巨形龟状石，昂头驮着三清宫。

龟石下有清泉流出，长年不断。再往后看去，可见宫殿巍峨，古松参天，香雾飘飘，清幽雅静，大有钟声隐隐出玄关，众妙门中非等闲的仙山气概。

三清宫是整个三清山道教建筑群的中心，它分为前殿后阁。三清宫的前殿是三清殿，在三清殿内的大柱上有着一副石刻楹联：

一统大明祝皇祚於百世千世万世
三天无极存道气于玉清上清太清

相传，这副楹联是明代第二代皇帝建文帝藏隐于三清山，任三清宫住持时亲笔题撰。从看似矛盾的联语中可以看出，建文帝虽遁入清静空虚之门，但仍然难以完全断绝红尘世俗之念，寄希望于三清尊神保佑大明皇位传承千秋万世。三清殿殿正门的楹联则是：

殿开白昼风来扫，
门到黄昏云自封。

这副楹联与朱元璋在凤阳龙兴寺内的留下的一副对联："庙内无僧风扫地，寺中少灯月照明"有异曲同工、相承继袭之妙。

这两副楹联不仅是朱元璋和朱允炆祖孙两人同入空灵清静之门这无奈经历留下的注解和佐证，也同时道出了三清山仙境福地风拂云绕、虚幻缥缈的景象。

三清殿正中间大门上悬"三清福地"直匾一方，殿内供奉元始天尊、灵宝道君和太上老君三位教祖神像。

元始天尊在中间，手执混元珠。混元珠象征着天地还没有形成、万物还未曾滋生的混沌状态，道教称之为无极。灵宝道君在元始天尊左边，手捧如意之象，象征着刚从无极状态中衍生出来的"太极"。太上老君则在元始天尊右边，它手执羽扇，象征由太极分化出的"阴阳两仪"。

三清宫后阁是观音堂，观音堂供奉着佛教十八罗汉等神像，这种佛道合一的布置属于全真派的特色。前殿和后阁之间以13级台阶相连接，象征脚踏13行省。俗语有"脚踏十三阶，吉吉福寿连"的说法。

像三清宫这种道、佛和谐相处，共居同一殿堂的情况，有别于其他道教名山佛道不相容的格局，也体现了三清山海纳百川包容万象的博大胸怀。

在三清宫周围按八卦五行分布的附属的小建筑也都非常别致，如九天应元府、风雷塔、龙虎殿和纠察府等，它们的建筑规模都不是很大，但在造型上却有很高的造诣。

它们的选址和造型都体现了道家对道法自然这一教理的运用和对天人合一境界的追求，人文景观与自然景观浑然交融，不分彼此。

三清宫的东边就是龙虎殿，龙虎殿规模虽不大，却有吐纳日月之势。它高踞于险峻的天门峰峰顶，前临绝壁，后倚长空。站在龙虎殿，远可以览山川云水，近可以观奇峰怪石。

在龙虎殿内中间有神龛3个，分别供着3尊神像。两侧各有神龛7

个，各供神像一尊。在殿前有石虎和石龙一对，它们都是天然山石略加斧凿而成。

石虎半蹲，虎首凝视殿门。石龙伏地而卧，龙首高昂，龙须翘然，栩栩如生。它们神态生动却又似是而非，与三清山的建筑风格浑然一体。

九天应元府在三清宫的南边，是一个亭阁式的石构小观，属三清宫的附属观宇。它的整体呈横长方形，台基垒成须弥座状。柱枋的材料粗硕，额枋下的雀替作成卷云状，两两相连，形似骑马式。它的前面是一块空阔的洼地，上面分布着有流泉、水草和密林，充满了肃穆和寂静的感觉。

纠察府位于三清宫前东侧不远处。它跟九天应元府一样，也是单开间歇山式的亭阁状小观，但它的结构远比九天应元府简单，梁、柱、枋和墙连为一体，正中辟宽敞的拱门，里面供奉着神像6尊，是一座石砌微缩府殿。并且，纠察府的布局和设置是我国其他的道教名山所没有的。

除了此之外，整个三清宫建筑群内还有古丹井、詹碧云墓地和天门等道教古迹，都具有丰厚的道教文化内涵。

三清山的全山道教建筑群主次分明，相互映衬，聚散有序，遥相呼应，形成了一幅完整而统一的三清山道教福地洞天图。这些宫宇建筑以山上花岗岩雕琢拼砌而成，石梁石柱，四周配以石墙，内供玉清，上清、太清三尊石雕石刻神像。

据不完全统计，这时三清福地有石雕石刻神像130尊，摩崖题刻45处。可以说这时的三清山已成为明代建筑和石刻艺术的一座宝库。

这些建筑和石雕艺术均有着明显的时代特征和地方风格。它们虽然主要反映的是宗教文化，同时也是儒教文化和道教文化相互融合的产物。

清兵入关以后，道教继续得到推崇，三清山依然是全国道教活动的中心。

三清山与道缘息息相通，香火自然有增无减。康熙年间，抚州、南丰和福建等地方方士纷纷迁来，三清山道教形成了抚州、南丰、福建和玉山本地四大派系。

为了更好地组织道教活动，县里设有道会司，对上负责接受天师府的旨意，对下负责指导所属宫宇的教务

活动。

此时，由于方士骤增，教务活动也越益频繁，三清山在道教领域中影响越来越大，在全国的知名度也随之提高。

在1726年的清代，御制的《钦定古今图书集成》中所附的《广信府疆域图》里，就明确地标出了三清山的地理位置，从这点也可以看出三清山在当时的影响十分深远。

乾隆登基以后，兴佛抑道，道教在全国思想领域中的统治地位受到了冲击，从此，逐渐衰败，并一蹶不振，三清山道教也随之受到致命打击。

知识点滴

在全国道教名山中，像阶下囚龙池这种在台阶下建凹池隐囚龙头的建置，只为三清山所独有。那么，在这个特殊的建置里，又究竟隐含着什么含义呢？

据考研分析，这池中所囚的长着4个指爪，两撇长胡须特有标志的龙，象征的就是建文帝的四叔朱棣。

朱棣武力篡夺了建文帝的皇位，建文帝兵败焚宫，金蝉脱壳才得以从南京城逃脱，晚年化身詹碧云，隐踪于三清山，利用担任住持重建三清宫之机，精心构思巧妙布局建设了这么一个报复朱棣的隐局。在建文帝眼里，朱棣是一条十恶不赦的孽龙，所以建文帝拘其头为阶下囚，代表朱棣的永世降服和不得超生。

詹碧云藏竹之所的道教文化

　　明代王霖的后人王祐和全真道士詹碧云重建三清宫后，詹碧云上山任三清宫住持，处理教务。詹碧云主持三清宫的时期，又先后重修新增道教宫观庙宇等建筑40余处，使三清山道教达到了鼎盛阶段。

在詹碧云死后，道徒们按照师傅的遗愿，将詹碧云葬在龙首山下的纠察府边，修筑了规模较大的墓葬。在墓门入口处横额上题刻着"明治山詹碧云藏竹之所"的横额，用来表明詹碧云的治山业绩。

詹碧云墓不同于别的陵墓，它是仿陵园式建筑。后来传说詹碧云可能是明代第二代皇帝，《明史》中所记载失踪的建文帝朱允炆，而这个墓可能就是脱生逃亡的建文帝晚年藏身三清山时所建的隐陵。

首先，詹碧云墓的选址在整体建筑群的太极八卦模式中的"巽"位。在道教风水里，巽卦是文昌位，卦数为4，又称"四文曲星"，象征崇尚文的皇帝朱允炆的"建文"称号。在伏羲先天八卦里，巽卦卦数为5，故隐含有"九五"尊数。

而且，建文帝生肖属相为蛇，蛇居巽位，所以把墓建在巽位适得其所。并且巽卦五色有：青绿色、碧色和洁白，也是暗应了碧云是假托之名。

还有就是在詹碧云墓旁边就是纠察府。纠察府的设置在诸多道教名山之中是独有的。并且，在道教文化当中，纠察府内本应供奉王灵官。王灵官原为玉枢火神，后被奉为护法监坛之神，保法护道，司天上和人间的纠察之职，所以理应将王灵官供奉于纠察府让人朝拜。

可三清山的纠察府内供奉的却不是王灵官，而是身穿明代文官服饰的石雕像6尊，在纠察府的门口还站立一对武士守卫，俨然是等级尊贵的官府衙门的象征，而不是供神官的小庙。

从构造来讲，詹碧云墓因山制形，依山为陵，拾坡而上，前陵后寝，共建了5层。在玄宫前设台阶5级，墓门外设石阶13级，隐含有"九五"之尊和脚踏13行省的意思。

前面三层是平台，平台之上是拜台，拜台上面是玄宫，玄宫正中置须弥座，座上置佛教七级浮屠宝塔。僧人去世后一般只建塔不建墓，道士去世后一般只建墓不建塔。

但詹碧云墓却是下建墓上竖塔，非僧非道、亦僧亦道，这不仅体现了詹碧云的特殊身份，也体现了三清山道教对于佛教的包容态度。

这个七级浮屠宝塔高将近4米，由整条花岗石雕刻而成，分3段造型。宝塔下段为双层环形基座，中段成腰鼓形，正面镂空成拱状神龛，神龛内壁漆是明代皇家专用的朱红色。

在神龛内放置着詹碧云石雕像，雕像左手托一小石砵，右手持一小石杵，面容清癯，耳廓低垂颀长，束发童颜，而且雕像刻工细腻、栩栩如生，是三清山石雕的珍品。又因设计存放于花岗岩镂空石龛内，所以虽历经五六百年而完好无损。

宝塔上段为通身石雕宝塔，塔身的正面刻着"昊天玉皇上帝"，表明墓主自诩是玉皇上帝之尊。背面刻"十方敕苦天"，隐含着墓主

以丛林领袖自居。

墓周围还有小巧玲珑的雌、雄石狮一对。雌狮怀抱幼狮象征子嗣昌盛、源远流长。雄狮脚踩圆球，表示权贵。在明代，龙、凤和狮子是不能乱用的，据相关资料记载，这样的狮子在明清时一般用于帝王的守陵狮。

另外，詹碧云墓的整体构思缜密奇巧，它既包裹在两重八卦图阵里又秘隐于北斗七星的勺斗之中，规划布局竟合天地人合一之尊，天时地利之妙，周围遍植青松箭竹，且"治山"和"藏竹之所"这两个词也充满了悬疑色彩。

无论詹碧云是普通的全真道士，还是失踪的建文帝，都对三清山的道教文化发展都作出了不可磨灭的贡献。而詹碧云的"藏竹之所"，也不仅就成了他的灵魂清净的驻所，也成了三清山蕴含着丰富的道教文化内涵的建筑瑰宝。

知识点滴

在詹碧云墓的玄宫墓门前设置着无字青石墓碑一通，类似于唐女皇武则天陵墓前的无字碑，故意空白，留与后人评说。

若詹碧云果真是失踪的建文帝，那么他以无字青石碑存世，是否也象征着他奇幻的一生呢？在告诉着人们，他漂泊流亡，先隐身于佛，后隐身入道，神秘离奇的一生不方便也是无法用文字来描述。

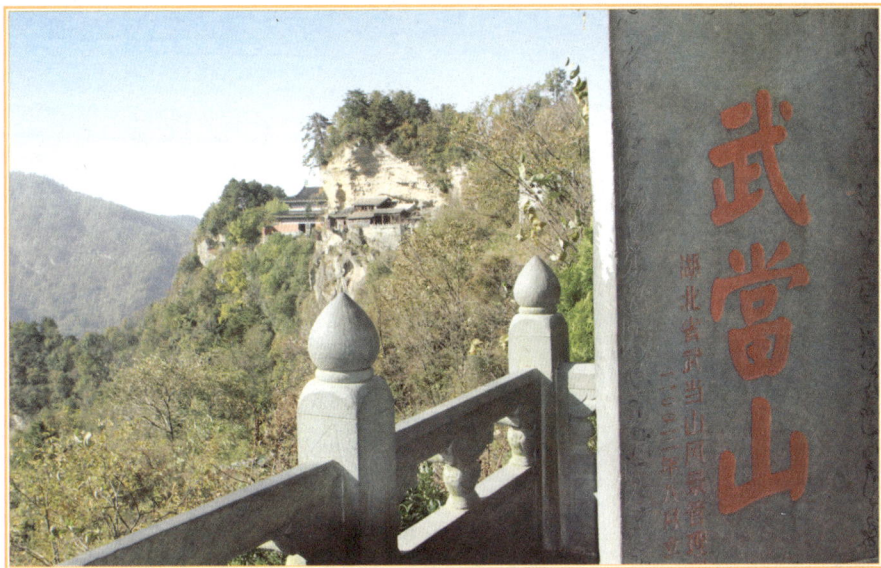

武当山

　　武当山又名太和山，古时称玄岳和太岳，坐落于湖北省的西北部。此山四周有"七十二峰"耸立，"二十四水"环流，危岩奇洞深藏，白云绿树交映。

　　武当山古建筑群在明代期间逐渐形成规模，其中的道教建筑可以追溯至公元7世纪，其中的宫阙庙宇集中体现了我国元、明、清三代宗教的建筑文化和艺术成就，代表了我国近千年建筑艺术的最高水平。

　　武当山具有自然美与人文美的高度和谐统一，因此也被誉为"亘古无双胜境，天下第一仙山"。

真武大帝被封坐镇武当山

　　武当山坐落于湖北省西北部，古时称玄岳或太岳。武当山四周"七十二峰"耸立，"二十四水"环流，危岩奇洞深藏，白云绿树交映，蔚为壮观。主峰天柱峰，被誉为"一柱擎天"，四周群峰向主峰倾斜，形成了"万山来朝"的奇观。

　　武当山的道教宫观内主要供奉的是真武大帝，传说武当山名字的由来就是真武大帝在武当山坐镇的缘故。

　　据传说，真武大帝原是净乐国的太子。净乐国的国王清正威严，皇后善胜美丽善良，他们共同把净乐国治理得井井有条，百姓们都安居乐业。

　　有一天，天气十分清爽。善胜皇后心情非常舒畅，她就来到御花园游玩观景。她忽然抬头看见蓝天上飘来一朵祥云，云头上站着众多神仙。

　　只见一位神仙捧出红红的太阳朝下一扔，霎时一道金光飞到她的面前，随即那太阳变成了一个小红果，一下钻进她嘴里，又滑进了她肚里。于是，善胜皇后便有了身孕。善胜皇后整整怀胎14个月，在第二年的三月初三那天，她忽然感到肚子疼，她知道孩子要出生了。

　　这时，只见天上一团团祥云瑞气盘旋飞绕，一群群美丽小鸟在皇宫上空飞翔啼鸣，一股股香气弥漫整座宫殿。这时，善胜皇后生了个又白又胖的娃娃，举国上下都奔走相告，太子诞生了！

　　果然太子长得眉清目秀，身材十分奇特，他从小便立志要修道成仙，除尽天下的妖魔鬼怪。于是他在15岁的时候就抛弃了江山，便到武当山出家做了道士。

　　太子在武当山朝夕讲经说法，潜心修炼。最终他飞升成仙了。太子升天成仙时，天上很乱，许多妖魔鬼怪总是到天上打斗厮杀。

　　有一次，元始天尊在说法讲道时，有一股黑毒血气冲进宫殿。元始天尊就让玉皇大帝清剿妖魔。于是，太子奉玉帝之命率领天上30万天兵天将，一夜之间就把妖魔鬼怪打得七零八落，有些妖魔从天上逃到人间作乱害人。

太子又到人间收拾妖魔。他历经九九八十一战，斩杀72个妖怪，降伏36个魔鬼。太子还命风伯雨师和雷公电母，给人间洒风降雨，人们都过上了好日子。

因太子在人间降妖除魔，英勇威猛，人们就尊他为战神。还因他广布甘霖，使五谷年年丰收，人们又尊他为福神，受到老百姓的敬仰。

太子历尽千辛万苦，收服了天下妖魔，战功显赫。元始天尊很高兴，封太子为真武大帝，派仙鹤通知天廷所有的神仙这个喜讯。并把太岳改名为武当山，意思是说，只有真武大帝才有本领坐镇在这与天齐高的山上。

从此，真武大帝就坐镇在了武当山，他每年都率领神兵天将，巡视人间，保天佑地，护国安民，有时则命雷公电母布撒甘霖。人们为感谢真武大帝，每年都到武当山朝拜。

春秋至汉代末期，武当山已经成为古代宗教的重要活动场所了，许多达官贵人都到此修炼。如周大夫尹喜、汉武帝的将军戴孟、著名方士和炼丹家马明生与阴长生等，都曾隐居在武当山修炼。在东汉末期道教诞生后，武当山逐渐成为了中原道教的活动中心与修炼圣地。

在汉末至南北朝时，由于社会动荡，数以百计的士大夫或辞官不仕，或弃家出走，都云集到武当山辟谷修道，如晋朝的谢允和徐子平、南北朝的刘虬等均弃官入山修炼。所以，这段时间出现了大量有关真武的经书。

根据道教经典《誓愿文》记载，被佛教尊为"天台宗三祖"之一的慧思，在六朝时到武当山访道。据道教经典《神仙鉴》记载，蜀汉军师诸葛亮曾到武当山学道。

另外，后据有关记载，在美洲秘鲁的山洞内曾经发现一尊手提铜牌的5世纪造的裸体女神像，铜牌上铸着"武当山"3个汉字。可见，在南北朝时，武当山就已名传海外了。

随着上武当山朝拜的人和隐居修道的人越来越多，山上的道教建筑也逐渐建立了起来。

在真武大帝册封的那天，元始天尊还命玉皇大帝前往武当山，亲自册封真武大帝，让天上人间所有人都知道真武大帝的本领。

那一天，和风煦日，天上和人间的神仙纷纷从四面八方来到武当山，庆贺册封真武大帝。这些神仙们有的腾云，有的驾雾，有的骑着白鹿，有的驾着仙鹤，天上紫云飘浮，日月交辉，山间鸟语花香，琴瑟共鸣，真是奇观异彩，盛况空前。

从此天下所有的百姓都知道了，真武大帝坐镇在武当山。

知识点滴

开启武当山道教的祈雨传说

　　至隋唐时期，武当道场得到封建帝王的推崇，这极大促进了武当道教的发展。在唐朝，李唐皇室自称为老子后裔，认为老子是他们的祖宗，于是朝廷就扶持和崇奉道教。特别是武当山所在地均州的知州姚简，他进一步使武当道教受到了皇室的重视。

　　在唐贞观年间，有一年天下大旱，飞蝗遍地，皇帝下诏在天下名

山大川祈雨，但都没有被神灵感应而降雨，只有姚简在武当山祈雨却有所感应，使得天下普降甘霖。

唐太宗大喜，于是就在武当山敕建五龙祠。这便是皇帝在武当山敕建的第一座道教宫观。关于姚简上武当山祈雨得到感应的事，还有一个感人的故事。

传说均州知州姚简清正廉洁，他不受礼，不贪财，办事公正，铁面无私，把这地方治理得很好。老百姓说起姚简，都很感谢他的恩德。

后来有一年天下大旱，地里没有出产，百姓们只好拖儿带女到处逃荒。姚简见到百姓们都背井离乡，无家可归，心里非常难受。

姚简听说在武当山后面有座五龙岭，五龙岭上的五龙池里住着5条龙。这5条龙虽然性情暴躁，但它们能呼风唤雨，普降甘霖。姚简想求这五龙神君为百姓下雨，便悄悄地离开了家，独自一人进山去了。

　　姚简背着干粮，戴着草帽，往武当山上爬。他翻过第一个大坡坐在树荫下歇脚时迎面走来一个白胡子老头，问姚简："你上哪儿？"

　　姚简回答："上五龙岭，给百姓祈雨。"

　　老头说："我劝你转回去吧，这一路山高岩陡，你这当官的不享清福，何必自讨苦吃？"

　　姚简说："老百姓缺吃少穿，我不能坐视不管！"

　　于是姚简又背起干粮，戴着草帽，向山里走去。他翻过第二个大坡，累得腰酸背痛，只得又坐在树荫下休息。这时，迎面又来了一个白胡子老头，他问姚简道："你上哪儿？"

　　老头听了姚简的打算后，像前一位老头一样劝他回去享福。

　　姚简说："老百姓现在到处逃难，我怎能坐享清福！"说罢，依旧背着干粮，戴着草帽，往山上爬去。

　　姚简翻过第三座大山，双脚已经磨起了血泡，只觉得双腿有千斤重，已经挪不动了，他只好坐在树下喘气。这时，又走来个白胡子老头，又向他问了同一个问题。姚简依然如实回答。

老头上下打量一番，看他的腿和脚已经肿了，很同情他，说道："我劝你回去吧，这一路妖魔鬼怪多着哩！像你这样的白面书生，气力也用尽了，怎么和那些青脸红发的魔王搏斗？"

姚简说："谢谢您的好心。我是为老百姓来的，一正压百邪，我看，妖魔鬼怪绝不敢害我。"说完又咬紧牙站了起来，背起干粮，戴上草帽，朝山上走去了。

姚简翻过第四座大山后，他倒在树荫下昏过去了。当他醒来时，面前坐个白胡子老头。老头很可怜他，劝他回去。但姚简仍然坚持说："若是不顾百姓死活，我还有什么脸面活着呢？"

第二天一大早，姚简勉强翻过第五座大山。他像害了一场大病一样，坐在地上怎么也起不来了。这时，一个白胡子老头从树林里出

来，他笑眯眯地问："你是到五龙池祈雨的吧？"

姚简说："是！"

"你知道祈雨的规矩吗？知道五龙的脾气吗？"老头问。

"不知道，请您告诉我吧！"姚简说。

老头板起脸一字一顿地说："这5条龙，虽然能呼风唤雨，但是他们脾气不好，是吃人的妖龙。凡有祈雨的来，它们必定要先把他们吃掉，然后才肯下雨，所以，千百年来，没人敢来祈雨。"

姚简注意听着老头的话，既不害怕，也不后悔，说："没关系，只要百姓能活下去，我死了也值得。"

老头说："像你这当官的，有大好的仕途等着你，为别人轻易丧生，太不值得了。"

姚简说："我身为百姓父母官，若不能为百姓做事，活着跟死了有什么区别。"说罢，他又一瘸一拐地向深山走去。来到五龙岭的山脚下，他愣住了。在路上遇见的5个老头，都坐在山下等着他。

5个老头笑眯眯地说："姚大人，你不顾自己的生死为均州百姓奔劳，你的心肠太好了！我们早跟5条龙说好了，明天一定下雨，请你回去吧！"

姚简听到这番话，喜得不敢相信，刚要下拜，那5个老头却已不见了。姚简知道他们是5个神仙，相信他们不会说谎，就转身回均州了。

第二天，均州果然下了场透雨，老百姓们又恢复了安定的生活，后来人们把姚简遇到5位老人的地方取名叫"五老峰"。

这5个老头是谁呢？就是五龙池的五龙神君，姚简一心为百姓着想心深深地感动了他们，从那以后他们也做起善事来，每年为百姓呼风唤雨，普降甘霖。

唐太宗得知姚简祈雨得到应验，非常高兴，下令建造了"五龙祠"。后来在1018年的北宋，宋真宗扩建五龙祠，并将它升格为五龙观。在宋代，姚简还被封为"威烈王"，给他盖了座威烈观。

也正是因为这次姚简祈雨而应，使武当山道教受到了朝廷的重视。后来有许多著名高道也隐居在武当山修道，如著名道士孙思邈、陶幼安和吕洞宾等。

至唐末，武当山被列为道教"七十二福地"中的第九福地。

唐太宗下令建造的"五龙祠"是武当山第一个由皇帝敕建道观。后来唐代还建有"太乙"和"延昌"等官观庙宇。

后来姚简得到了皇帝的批准，弃官入道，领家隐居武当山潜心修道。相传，姚简修持道德，最终在武当山悟道成仙。被百姓们尊为"守土镇山之神"。

宋代，武当山每次祈雨都会得到应验，因此姚简被进封为"忠智威烈王"，刺建庙祠于紫霄宫东天门，名"威烈观"。

知识点滴

紫霄福地内的精巧建筑

1018年，宋真宗加封真武大帝为"真武灵应真君"，下令为真武大帝建祠塑像，还将五龙祠升为五龙观。后来，宋仁宗推崇真武大帝为"社稷家神"，并建真武庙塑像崇祀。

随着道教经典《元始天尊说北方真武妙经》的出现，武当山真正成了祀奉真武大帝的圣地。

宋徽宗在武当山大顶之北创建了紫霄宫祭祀真武大帝，使武当山成为了道教名流向往的道教圣地，后来明成祖封它

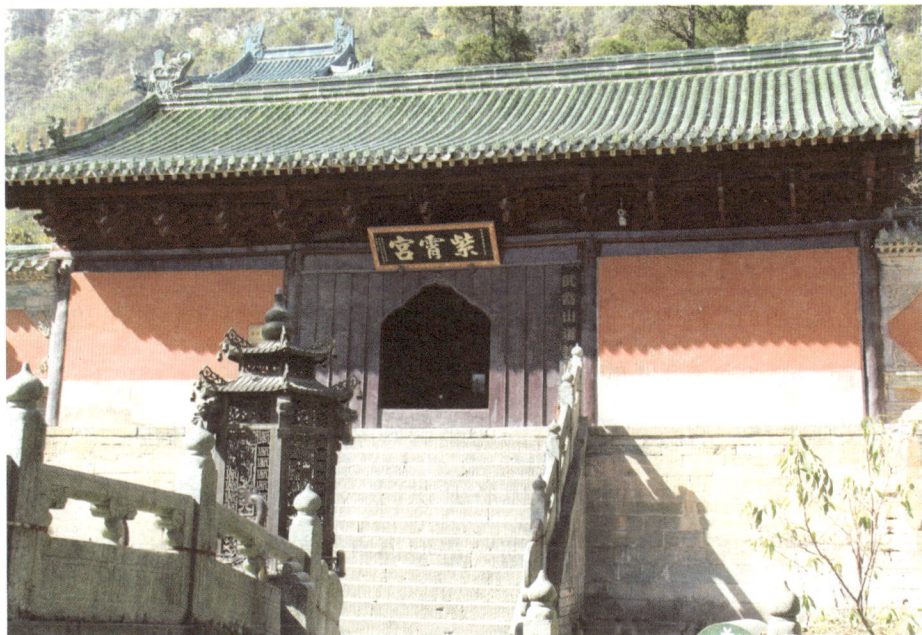

为"紫霄福地"。

紫霄宫位于天柱峰东北方向的展旗峰下，是武当山八大宫观中规模最大、保存最完整的道教建筑之一。紫霄宫内主要有龙虎殿、十方堂、紫霄殿、佳音杉、父母殿、东宫、西宫和太子岩等。宫殿周围的山冈峰峦延绵不绝，形成了一幅二龙戏珠的场面。

紫霄宫背依展旗峰，面对照壁、三公、五老、蜡烛、落帽和香炉诸峰。宫殿的右边是雷神洞，左边是蓬莱第一峰。在宫殿的近前还有禹迹池和宝珠峰等。紫霄宫整座宫殿雄伟壮丽，气势恢宏。

自东天门入龙虎殿，之后是循碑亭、朝拜殿、紫霄殿和父母殿。其余殿堂楼阁，鳞次栉比。两侧为东宫、西宫，自成院落，幽静雅致。

再加上四周松柏挺秀，竹林茂密，名花异草，相互掩映，使这片古建筑更显得高贵富丽。

龙虎殿建在高大台基上，它是悬山顶砖木结构，绿色玻璃瓦屋面，殿外是"八"字墙，墙上是用琉璃琼花和孔雀等图案装饰的。

从刻有"紫霄福地"额坊的福地殿进入龙虎殿，正中间供奉着王灵官，它披甲执鞭，面容威严。在王灵官旁边有青龙白虎泥塑神像侍立，各有丈余高，皆是怒目圆睁、身着胄甲、手持戈戟的威武形象。

龙虎殿在武当山各主要宫殿里均有建造，里面都供奉青龙和白虎神像，以渲染朝拜真武的临前威仪。

在龙虎殿后有对称耸立着的两座御碑亭，是明朝修建的，坐落在高大石台之上。亭呈方形，四方各开拱门。亭内置巨龟驮御碑，都是用整块青石雕琢而成。雕刻精细，造型逼真，形体完美，是世界罕见的石雕艺术品，极为珍贵。

御碑亭也是武当山各大宫观必不可少的建筑之一，两座碑亭分别

置放两通御碑，一个是圣旨碑，上面刻着颁布的武当山管理规章。另外一个是纪成碑，雕刻的是明朝重修武当山的缘由及其重修过程。

御碑亭是象征高等级宫殿的重要标志。据考证，御碑亭代表着我国铭文形式的重要的阶段，亭中巨龟驮负御碑的雕塑，是由上古时的龟甲铭文形式演进而来，古人认为，只有巨龟才有资格向天下传达命令。

登上紫霄宫第三级阶台到达第二座殿堂朝拜殿。朝拜殿又称十方堂，也明朝修建的，殿堂两侧建有八字墙，墙上饰琼花和珍禽图案，墙下为琉璃须弥座，殿内正中供奉铜铸镏金真武大帝神像。

据记载，武当山在明朝为全国道教中心，全国各地道士游方挂单者络绎不绝，因此设立了朝拜堂，用来专门安排接待来往道士，因此又称为十方堂。

站在十方堂前，御碑亭、龙虎殿、宝珠峰和赐剑台尽收眼底，古柏、蹬道、流水和青山构成一幅赏心悦目的图画，由此可以看出皇家建筑的气魄和神妙。

朝拜殿后便是紫霄大殿，紫霄大殿是紫霄宫的正殿。也是武当山存留下来的唯一一座重檐歇山式木结构的殿堂，是我国古建筑中屈指

可数的抬梁式大木结构的道教建筑。

紫霄大殿的结构和布局科学合理，艺术风格协调统一，同自然环境融为一体，在武当山古建筑群中独具风貌。并且在漫长的历史进程中，汇集了历代工匠的技术和智慧，集中体现了我国建筑的辉煌成就。

最为奇妙的是紫霄大殿的内部。大殿内雕梁画栋，富丽堂皇，构思巧妙，造型舒展大方，装修古朴典雅，陈设庄重考究。大殿内设神龛五座，供有数以百计的珍贵文物，大多为元明清三代塑造的各种神像和供器，造型各异，生动逼真，具有极高的观赏和科研价值。

紫霄大殿正中的神龛供奉的是泥塑彩绘贴金的真武神像。旁边还供奉着一尊明末清初的纸糊贴金神像，是我国迄今发现最早、保存最完好的纸糊神像，它集聚了我国古代纸糊、雕塑、贴金、彩绘和防腐等工艺的精髓，是一件文物珍品，对研究我国古代纸糊工艺有很高的价值。

紫霄大殿屋脊由6条三彩琉璃飞龙组成，中间有一个宝瓶，闪闪发光。因为宝瓶沉重高大，由4根铁索牵制，铁索的另一头系在4个童子神像手中。

传说这4个童子护着宝瓶，无论严寒酷暑或是风雨雷电，他们都要坚守岗位，以确保宝瓶不动摇。因为所在位置比殿里供奉的主神还高，所以人们称他们"神上神"。后来老百姓看他们长年累月地经受风吹日晒，又叫他们"苦孩儿"。

紫霄大殿后的高大崇台上，建有父母殿。这里古树参天、青山如黛，高敞清幽，是武当山自然环境最佳的胜境之一。父母殿为3层砖木结构，殿内设有3个神龛，正中神龛上供奉真武大帝生身父母明真大帝和善胜皇后的造像，道士信徒尊称他们为圣父圣母。

据考证，父母殿后来建于明代，并且武当山各大宫观都设有父母殿，是武当山皇家庙观的重要特征之一，这里体现有武当山道教提倡的"三教合一"的宗教特征。

在武当山紫霄宫大殿后有用青石雕的龟蛇二将，只见碗口粗的蛇将军，紧紧缠着簸箕大的龟将军，龟将军脑袋却放在一边，"咕咕嘟嘟"一个劲

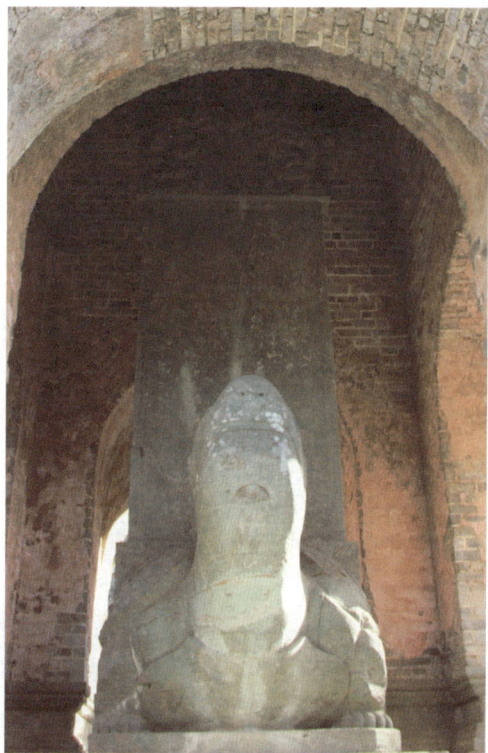

地吐水。那水清甜如甘露，被人们称为"仙水"。关于这个龟将军为什么会一直往外吐水，还有一个传说。

传说，少年的真武来到武当山修炼，把鞋袜脱到一边，日夜盘坐，静心修炼，不吃饭，也不喝水。这可苦了真武的肚子和肠子，它们相互埋怨，争吵不休，闹腾得真武坐立不安，无心修炼。真武一怒之下，剖腹开膛，把肚子和肠子一把抓出来，扔到背后的草丛中。

肠子和肚子在草丛里，日夜听真武诵经，天长日久，道法附身，变得能说会道，善飞善跑，上天入海，神通广大。不仅能变成珍禽异兽，也能变成各种人物，可就是原形难变，所以一心想变得漂亮点。

一日，它们看真武睡熟了，便从草丛里溜出来。肠子钻进真武的袜筒里，在地上打了3个滚，变成了一条满身披鳞戴甲的大蛇。肚子拿过真武的鞋子朝背上一盖，也打了3个滚，变成了一只大乌龟。

从此以后，真武就没有鞋袜穿了，打起赤脚来，所以武当山各个

宫观内供奉的真武像大多都打着赤脚。真武行走，也只好把龟蛇当鞋子，后来龟蛇成了真武的坐骑。

那肚子和肠子变成了龟蛇精后，常常吃老百姓的猪羊牛马，最后连人也吃。此时，真武已修炼成神，见它们这般胡闹，就带上宝剑，去收服他们。

龟蛇尽管是真武的肠肚变的，但已经得道成精，不肯听真武的话。真武怒发冲冠，挥起宝剑照龟背斩了4下。龟不仅不痛不痒，龟背上还显出了美丽的花纹。从此以后，龟背上就有了花纹。

蛇趁势扑上来，死死缠住真武。真武又一挥宝剑，忽听一声响，五根撑天柱应声而倒，天塌下来，顿时把龟压扁了。同时，撑天柱变成了绳子，捆住了蛇，越捆越紧。从此以后，蛇就变得细溜溜的了。

龟回头一看，背上压的并不是天，而是真武的一只赤脚。蛇转过脖子，见并不是撑天柱变的绳子，而是真武的大手。这一下它们才苦

苦求饶。真武看龟蛇是自己肚肠变化的，又武艺高强，也归顺了，就收他们作为自己的坐骑，并封为"龟蛇二将"。

可龟将军邪念未收，表面佯装老实，背后继续干坏事，最后被人告到了真武那里。真武半信半疑，便叫龟将军说实话，龟将军拼命狡辩。真武只好暂时放了他，但真武想定要弄个水落石出。

有一次，真武闭目养神，佯装睡着了。龟将军以为他已经睡熟，便摇身一变成一个美公子，溜出宫门，吃喝嫖赌，玩了个痛快。回来后现出原形，看到神案上放着仙果，又一口把一个大仙果吃了。

龟将军的所作所为，被真武看得清清楚楚，真武大怒一脚踏下，把大仙果就从龟将军肚子里踩了出来。

龟将军触犯了天条，不能饶恕，于是真武举起宝剑，将龟将军的脑袋砍下。顺势一脚，把龟头龟身踢到紫霄宫的背后。又令蛇将军缠到龟身上，逼着龟将军往外吐它做的坏事，并告诉龟将军什么时候吐完说尽了，再把头给它安上。

从此，紫霄宫后那个大乌龟就没有脑袋了，天天从脖子里吐水。还听得龟脖子里发出逼真的"不吐，不吐"的响声。因为乌龟不好好吐，所以永远吐不完，龟将军的头也永远不能复原，便一直在紫霄宫后面吐水了。

除紫霄宫外，宋徽宗还下令建造了紫云殿、老君庵和仙关台等。

至宋宁宗和宋理宗时期，他们都为真武封号，虔诚祭祀，同时著名道士邓若拙、房长须、谢天地和孙寂然等人相继入山修道、宣传道经，武当山的道教得到了进一步发展。

宋元交兵之际，武当山所在地均州也遭到兵灾，所以山上的宫观受到严重的破坏。例如紫霄宫在1260年以后已杳无人迹。后来，明成祖和清仁宗又对紫霄宫进行了扩建和修葺，使它恢复了往日的繁荣。

在紫霄宫的前面有一个晶莹剔透的池子，名为禹迹池。

传说在远古时候，天下是一片茫茫大海。女娲创造人类以后，人们连巴掌大一块地盘也没有，哪有地方种庄稼做菜园啊，那日子真够苦了。

大禹为民造福，把水统统赶到了大海里面，这才出现了如今的陆地。禹王凯旋回宫，路过武当山展旗峰，渴得嘴里吐火，嗓子眼冒烟，想找点水喝。可他已把水都赶下大海了，到处地枯石焦。于是他抡起宝镢，"吭"的一声响，挖出个通海大池，霎时涌出一池晶莹剔透的甜水。人们缅怀禹王，就把那个池子叫"禹迹池"。

知识点滴

宛若天宫的南岩宫胜景

　　元朝时期，道教深受统治者恩宠，武当山成为元朝皇帝"告天祝寿"的重要道场。1269年冬天，有龟蛇出现在大都燕京西郊的高梁河，众人以为是真武大帝显灵，象征元王朝国运兴隆，因此元朝十分崇奉真武大帝。

后来，道士汪贞常到武当山修炼，在1275年率领徒众鲁大宥等人重建五龙观。在1278年以道法术数著称于世的道士赵守节，率领道徒重修武当佑圣观。

1286年元世祖借重道教，重建五龙观，升观为宫，并命法师叶希真、刘道明、华洞真充任武当山提点，屡降御香至武当山祝愿祈福。

另外在元代还建有福地门、天乙真庆宫、玉虚岩庙、雷神洞岩庙和尹仙岩庙等100余栋建筑。武当山的道教在社会上的影响越来越大，成为了与天师道本山龙虎山齐名的道教圣地。

元代时，武当山因帝王的崇拜及诸道士的经营使香火更加兴盛，玄武与武当山的关系传说也有新的发展。刘道明法师撰写的《武当福地总真集》中对武当山名称的由来提出了新的看法。

刘道明法师认为武当山是由于真武大帝在此修道成功，飞升之后，此山非真武大帝不足以当之，而改名为武当，其书中充满了真武大帝在武当山修道降魔的遗迹。以五龙观为例，就可以看出元代当时将武当山的道教宫观附会真武大帝修炼的情形。

根据《五龙观记碑》的记载，五龙观兴建的原因是由于武当山所在地的均州知州姚简到武当山祈雨有验，后来这件事上奏给了唐太宗，唐太宗就降旨在武当山建造了五龙观以表其圣迹。

但道士王象之等人附会五龙观为真武隐居的地方。说真武得道飞升的时候，有5条龙掖驾上升，所以在他旧隐的地方建五龙观以祭祀之。

并且成书稍后于《武当福地总真集》的《玄天上帝启圣录》中，在真武于修道武当山的故事中添饰了真武历经考验的情节，使真武的传记更符合道教神仙传记的惯用结构，即修道者从开始修道，历经考验，最后升登仙界，并且新增加的情节都注明有遗迹。

道教徒之所以选择武当山为真武修道的圣地，乃由于武当山在唐

末五代以来，已成为道教的仙境福地之一，再加上武当山的名字与真武都有"武"字，便附会真武曾修炼于武当山。

元代武当山的风物大量附会为了真武的遗迹，一方面表现了地方风物的情趣；一方面也表明了真武信仰的流传，正是因此武当山成为了祭奉真武大帝的圣地。在这一时期，武当山有名的南岩宫道教建筑群也被修建了起来，后来在明代进行了扩建，使南岩宫的占地达到了9万多平方米。

南岩宫坐落在武当山南岩绝壁上，总体布局，巧借地势，依山傍岩。在建筑手法上打破了传统的完全对称的布局和模式，使座座宫室镶嵌于悬崖峭壁，宛若天成，使其与环境风貌达到了高度的和谐统一，营造出了道教追求的"天人合一"的至高意境。

南岩宫存留下来的有天乙真庆宫石殿、两仪殿、皇经堂、八封亭、龙虎殿、大碑亭和南天门等建筑物。玄帝殿是后来修复的，修复后的玄帝殿重檐歇山，丹墙碧瓦，崇台高举，巍峨壮观，宛如天宫。

在天乙真庆宫石殿内供奉的是三清、四御及真武大帝等数十尊铜铸饰金神像，庄严肃穆，气韵生动。四壁和梁上嵌有500尊铁铸饰金灵官造像，均高尺许，神态各异，传说是真武的父亲净乐国王派到武当山寻找真武的500名卫士习道而成。

在殿里左侧的神龛内有"太子卧龙床"的雕刻。在其中盘龙张牙舞爪，太子头枕龙头，和衣而卧，形象生动，神态自若。

置身于此，抬头仰望，危崖摩天，高不见顶，俯视脚下，绝涧千丈，深不可测，遥望金顶，云缠雾绕，时隐时现，宛若仙境之中的琼楼玉宇。天乙真庆宫是武当山存留下来的较完整的宫观之一。

天乙真庆宫是我国古建筑中的绝世之作。它是仿木结构，大的如梁、柱、枋、门窗等，小的如斗拱、吻饰等，全部是用青石雕琢成构件，然后由榫卯拼装而成。

整个石殿设计精确，刻工精细，又建于悬崖之上，其工程之大，难度之高，超乎人们的想象，是我国的大型石雕艺术珍品。

在石殿外绝崖旁有一座雕龙石梁，从悬崖峭壁上横空出世，面对金顶，下临深涧，顶端置一香炉，这便是被称为"天下第一香"的龙头香。

在石殿台阶下面是青石墁地院落，在院中有一口古井，名为甘露井，井台是用青石雕制而成，周围六角饰有围栏，水质清冽甘甜，犹如甘露。

南岩宫在从皇经堂到两仪殿之间有一个长廊，长廊上遍布摩崖石刻，其中有后来明嘉靖初年内阁首辅大臣夏言和其弟子王顒所题的"寿福康宁"4个大字。字体苍劲有力，气势非凡。

南岩西侧一峰突兀，名梳妆岩，上建"梳妆台"，相传为真武大帝修道成功飞升之处。

南岩宫周围还有滴水岩、仙侣岩、黑虎岩、洪钧洞和雷神洞等景观，移步换景，变幻无穷。

龙头香是古代工匠采用圆雕、镂雕、影雕等多种手法凿刻的合并为一体的两条龙。它造型浑然，两条龙仰视吞噬着一团火球，跃跃欲飞，让人叹为观止。

在万仞峭壁上悬空伸展的两条龙传说是玄武大帝的御骑，玄武大帝经常骑着它们到处巡视。

龙头香又名龙首石，建于1314年的元代。在过去，有些香客为了表示自己的虔诚，冒着生命危险去烧龙头香，坠岩殉命者不计其数。1673年，康熙皇帝下令禁烧龙头香，并设栏门加锁，才止住了烧香坠崖的情况发生。

知识点滴

皇权和神权融合的太和宫

　　至明代，藩王朱棣夺取了他侄子朱允炆的皇位，他的理论依据之一便是君权神授，说他是得到了武当真武大帝的阴佑才当上了皇帝。当他登基后便大兴土木，北修皇宫，南修武当。这些举动为武当山的

道教进入鼎盛时期拉开了序幕。

在这时期，武当山修建了大量的道教宫观，其中太和宫的大部分建筑就是在明代修建起来的。太和宫位于武当山主峰天柱峰的南侧，主要由紫禁城、古铜殿和金殿等建筑组成。

紫禁城是一组建筑在悬崖峭壁上城墙，环绕于主峰天柱峰的峰顶。古铜殿位于主峰前的小莲峰上，殿体全部由铜铸构件拼装而成，是我国最早的铜铸木结构建筑。金殿位于天柱峰顶端，是我国存留下来的最大的铜铸镏金大殿。

太和宫的正殿供奉着真武大帝坐像，神龛上有金童和玉女侍立两侧，神龛下列侍邓伯文、杨戬、赵公明、温天君、马天君和水火二将军等天神尊像。在正殿的殿门上有"太岳太和宫"横额。

太和宫前有朝拜殿，朝拜殿两侧为钟鼓楼，钟楼上悬挂着一座巨型铜钟，音质清澈，万山回应。殿前有一座状像莲花的平台，被称为小莲峰。台上有一座小铜殿，殿高2.9米，宽2.7米，进深2.6米，是在元

代，由信徒们捐资铸造的。

从朝拜殿右折下，便是皇经堂。堂内分为3间，在中间悬挂着"白玉京中"匾额，左边悬挂着"道济群生"匾额，右边悬挂着"孚佑下民"匾额，在廊壁有"松鹤"图。

皇经堂的门楣和门窗的浮雕描绘的都是道教神话，并且工艺精湛。在殿内供奉的神像有三清、玉皇、真武、观音、吕洞宾和灵官等，塑造精美，形象生动。皇经堂附近还有天云楼、天鹤楼、天乙楼和天池楼等遗址。吊钟台上有座巨大的铜钟，双龙钮吊莲花式。

皇经堂由每块重达几千千克的石块建筑在千仞危崖之上，墙上窄下宽，里看墙体向外倒，外望墙体向里斜，远眺如美丽的光围环绕金殿。城墙设4座天门，东西北3座门面临的是绝壁，只有南天门可以到达金殿。

从皇经堂折上南天门就到了紫禁城，紫禁城又称皇城，环绕天柱峰巅。

进入南天门，是灵宫殿长廊。长廊内有小巧玲珑的锡铸灵宫殿，内供灵官神像。在灵宫殿右侧是御制石碑6通，都是武当山的珍贵文物。

出长廊攀上"九连磴"，即9转而登165级石梯，就到了驰名中外的武当山金顶，即金殿。金殿建于1416年，通体为铜铸镏金，殿内还有水火二将、龟蛇二将以及供器和供果等，均是铜铸镏金。殿内金匾上题有"金光妙像"4个大字，是后来清朝的康熙皇帝所赐。

在殿中的藻井上，悬挂着一颗镏金宝珠，人们称它为"避风仙珠"。关于这个定风仙珠还有这么一个故事。

传说，明朝永乐皇帝动用全国军民和工匠共30万人，花了12年的工夫，在武当山建造了33处宏伟的宫观庙宇，使这里变得就像天上的神宫金阙、人间的仙境宝地一样。可皇帝还是不满意，又召集了天下的能工巧匠，命他们造一座天上难找、地下难寻的宫殿。

领工师傅心灵手巧，用最巧妙的设计、最精湛的工艺，很快就铸造好了一座金殿，引领皇帝来看。

皇上沿着天梯一样的神道登上天柱峰顶。往上看，天空碧蓝，日月就在前后。

往下看，云海茫茫，露出72个山头，个个美如翡翠宝玉，拥戴着天柱峰。他绕着玉石栏杆细看那新修的宫殿，只见这座宫殿通体镀着赤金，上面所刻的阳纹柔和，珍禽异兽生动。皇帝十分满意。

皇帝走进大殿，见真武大帝像前神案上，是一盏黄金制成的神灯，有半个人那么高，灯油满满的，灯芯是全新的，只等他来点燃了。

皇帝点燃长明神灯，对着神像默默祈求，希望真武大帝能保佑他的江山像这金殿一样牢固，像神灯一样长明。哪知山风太大吹进殿内，长明灯一下熄灭了。皇帝非常生气，认为这是不祥的兆头，就怪罪领工师傅，限他们在三天之内点燃长明神灯，否则就要全部处斩。

大家都想不出点燃长明灯的办法，领工师傅心急如焚。他用了三天三夜，走遍了天柱峰顶，到处都是大风呼啸，火苗很容易被风吹灭。眼看限期就要到了，领工师傅仰天大哭了起来，这时从远处走来一个老头问领工师傅：“你为什么哭啊？”

领工师傅说便告诉了他事情的原委，那老头得知事情原委后笑笑说：“世上无难事，就怕有心人嘛，先吸锅烟再说。”

领工师傅说：“风这么大，怎么能点着烟呢？”

老头掏出火镰，两手捧成葫芦形，只听"嚓嚓嚓"，火花飞溅，纸媒点着了，火苗在老头手心里闪闪发亮，老头笑道："这不是点着了吗？"

领工师傅心头一亮，再看那老头儿，早已踏着五彩祥云，消失在天边。他这才恍然大悟，原来那老头是鲁班祖师，是前来点化他的。

领工师傅高兴极了，对大家说："鲁班师傅的纸媒能迎风不灭，是因为手捧的葫芦只有一个口，吹不进去风。如果我们把金殿的窗户、缝隙焊接严实，只留一个门，也像手捧的葫芦一样，神灯不就长明不灭了吗？"工匠们一听，果然有理。

第四天早晨天刚亮，管金殿的道总发现工匠们个个都不在了，只有阵阵山风在吹，以为工匠们怕杀头，都跑光了。哪知他走进金殿一看，只见那神灯被点燃了，金案上放着一张纸条，上面写着两行大字：

铸造金殿不图名利富贵，
绝世工艺要与日月同辉。

道总看罢，心生一计，将纸条藏了起来，又拿了一个镏金铜珠挂到金殿的正中。当皇帝登上天柱峰，要来看长明神灯的时候，道总忙迎上前去奏报说："皇上建武当、造金殿、献神灯，感动真武大帝，昨夜降下一颗定风珠，保神灯长明不灭。"

皇帝信以为真，重奖了道总，工匠们的心血就这样被埋没了。

其实，金殿中没有风是因为当时在设计金殿的构造时，不仅考虑到了精密铸件的热胀冷缩系数，而且拼接严实，豪无铸凿痕迹，除殿门外，整座殿堂拼合得非常紧密，殿内的空气不能与外界形成对流，因此即使有狂风暴雨也不能对神灯有丝毫影响。

正是因为金殿的设计十分巧妙，成为了我国古代建筑和铸造工艺史上极其光辉的一页。我国建筑学家将它称为"古今第一殿"。

金殿在多雷季节，还有"雷火炼殿"的奇观。雷火炼殿是指由雷电而产生的火球在金殿四周的铜柱上滚动，十分壮观。更为奇特的是，每次雷火之后，金殿四周铜柱上的锈就会全部消失。雷火炼殿的产生是因为金殿屹立在天柱峰之巅，是一个庞大的导电体。武当山重峦叠嶂，受热不均，气候多变，异常混乱的风向使云层之间摩擦频繁而带大量电荷。

很多带电积的雨云都向金殿运动，当云层与金殿达到一定距离时，云层与金殿上的尖角之间会形成巨大的电位差，这时就产生了闪电雷鸣。

青城山

　　青城山是我国道教发祥地之一，位于四川都江堰市的西南部，以"三十六峰""八大洞""七十二小洞"和"一百零八景"著称。

　　青城山的道教文化不仅在国内具有很大的影响，在国外也得到了一致公认。在2000年，青城山以其独特的宗教文化进入了《世界文化遗产名录》。

　　青城山分为前山和后山。前山是青城山风景名胜区的主体部分，景色优美，文物和古迹众多；后山则水秀、林幽、山雄。

大禹治山造就美丽青城

　　青城山位于四川省都江堰市的西南部，它的自然环境十分优美，因它满山翠绿，远远望去就像一座翡翠城郭而得名"青城山"。

　　相传青城山在尧舜禹所在的上古时代叫"石城山"，因为那时它不能存水，动物和植物都很难生存。后来，经过大禹的治理，石城山变得树木葱茏。随着自然环境的改变，山名也改为了青城山。

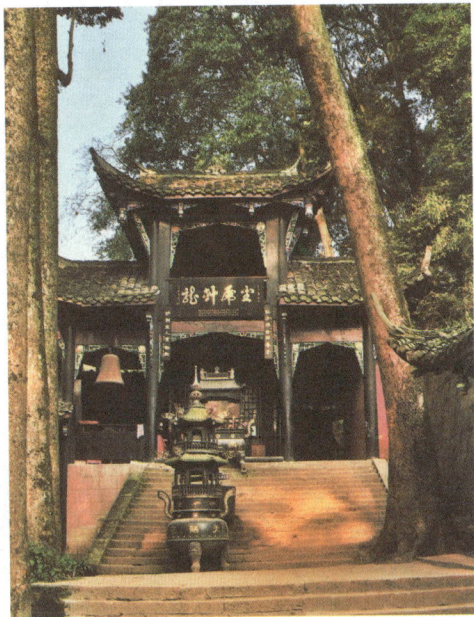

传说以前在石城山靠山脚的平坝地上有很少一部分人在那里休养生息。大禹的老家在千里峨山丛中的汶山郡，汶山就是汶川，离石城山不远。此时的大禹在老家一带治水已经颇有建树。

在一年的春末，有一个人赶路跑来，说他是石城山民派来的，请大禹去石城山治水。

大禹听后心想，自己家乡的水还没有治好，怎么能够离开？但看来人说得恳切，又不能不去。于是大禹便跟着他去了。好在汶山到石城山是山连山、坡挨坡，汶山在山腰，石城在山尾，一路下坡走小道，第二天就赶到了石城山。

大禹到了石城山，气没歇一口，就四处察看。大禹连着转了几座山，忍不住吸了口冷气。他只见石城山又高又险。座座山峰平地而起，危岩雄峙，险峰壁立，高触云端。个个山头光秃秃的，不能存水，小雨小流，大雨大流。

山上的石头泥沙从山上直冲道沟底，淤泥堆积在山谷里，再从谷口倾泻而出，像一条泥龙一般，漫滤平川。雨季一过山又大旱，庄稼不长，飞鸟不停。

大禹从来没有治过这种灾害，他想了想对石城山的人说："我没拴过泥龙，只能先试试把水关在谷口吧！"

说完，大禹带着石城山的山民们，勘地势，察山形，划堪基，立

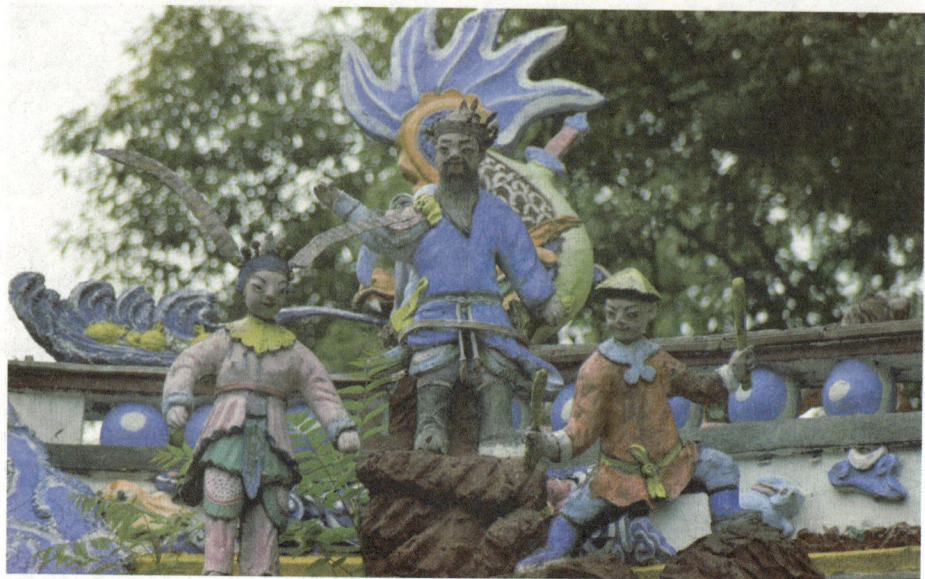

界石，吩咐大家沿谷口进山沟，从上往下，由高到低，层层筑起石堪，好等雨季一来，把山洪锁住。

这项工程摊子铺得很大，大禹等不及完工，就赶回家去治理家乡的水了。谁知这年雨水来得早，来得猛，来得密，山谷堤坝还没完工，就被泥龙冲了个精光，山脚田土又变成了一片烂泥塘。

大家只好又派人去请大禹，哪料大禹已被舜请去制伏黄河去了，石城山民使者急如风火，爬山越岭，终于在渭河边华山脚找到大禹。

那时的大禹正忙着架炉，铸炼劈开黄河上神门、鬼门和人门的神斧，见到石城山民使者，急忙说道："不治山，只筑堪，费了工又费料，还没拴住泥龙。我对不住乡亲。在中原我见识到他们治山的方法很好。你们不能光治山谷，还得在山上栽树植草，保持水土，山下就永不受其害了！"

石城山民的使者为难地说："石城山上光秃秃的，我们树籽撒了一箩又一箩，可是一棵苗也没长出来。"

大禹笑哈哈地说："娃儿要调教，才能离娘怀，树籽不经佑，哪能长成材。种树收益慢，可以种竹嘛！华山千尺峰顶有的是青竹，你挖些回去种吧！青竹见土生根，当年发兜，明年成林，后年就满山。有了树和竹，就能锁住泥龙。"

石城山民使者听了，高高兴兴地在华山千峰顶挖了竹根竹鞭，回去栽在石城山36座山峰上。当年雨水好，满山冒竹笋，山民再精心护惜，不两年就郁郁葱葱，翠竹满山。

接着，人们又栽下松、杉和柏，让山山长树、峰峰挂绿，果然固住了沙土，锁住了泥龙。哪怕是夏天连下几十场雨，哪怕雨点比胡豆大，下到沟底的水也是清亮亮的。

就这样，整个石城山变得满山青幽幽、绿阴阴的，远远望去，像一座翡翠城郭。于是，人们就把石城山改名叫"青城山"了。

青城山在历史上有诸多的称谓。先秦时期称为"清城都""丈人山"，秦时称作"渎山"。

关于"丈人山"的称谓，还有一个与仙人有关的故事，根据宋朝张君房所著《云笈七签》记载。在黄帝时期，黄帝因与北方的蚩尤作战时总是不能取胜，便来到青城山向仙人宁封讨教。宁封教黄帝以龙跅飞行之术。后来，黄帝战胜了蚩尤，统一了华夏民族。为了表达对仙人宁封的感谢，黄帝封宁封为五岳丈人，其所居住的青城山也被称作"丈人山"。

知识点滴

收服八大鬼帅的青城山战场

　　青城山是我国著名的道教名山，是我国道教的发祥地之一，被列为道教第五洞天。

　　青城山全山的道教建筑古迹非常多，存留下来的完好的道教宫观

就有数十座，由此可见道教在青城山的兴盛程度。

除了道教建筑外，青城山的其他道家文化还有很多，例如道教名人、道教养生、道教音乐和道教武术等。青城山的道家文化不仅在国内具有很大的影响。在2000年，青城山就是以其独特的宗教文化进入了《世界文化遗产名录》。

青城山的道教开始于东汉。自从东汉张道陵创立道教，道教就开始在青城山发展，历史非常悠久，

自东汉以来已经有2000多年的历史。在东汉，天师张道陵来到青城山，看中了青城山的深幽涵碧，因此在青城山结庐传道。并且还有传说，当时张道陵来青城山传道也是受了太上老君的指点，张道陵来到这里后就展开了一场收服妖魔的大战。

传说在东汉末年，有个叫张道陵的道士修行多年，斩妖捉怪，为民除害，为百姓立下了汗马功劳。

太上老君对他坚定的道心赞不绝口，遂传给他正一盟威秘录、雌雄宝剑一对和印章一枚，并对他说："近来蜀中有八大鬼神，残害人民，你替我去整治，使得人鬼有别，昼夜各分，以降福生灵。这样你功德无量，可以名登仙籍了。"

张道陵连忙受命，率领门人王长等人，赶往蜀中。据说当时在蜀中作怪的鬼神为首的共有8个。刘元达专门施杂病，张元伯专放瘟疫，赵公明传痢疾，钟子季播下疮肿，史文业散发疟疾，范巨卿让人浑身酸痛，姚公伯洒下五毒，李公仲带来疯癫病。

他们手下鬼兵亿万，到处为害百姓，遭他们暴行枉死的人不计其数。

张道陵到了蜀中，选定了青城山为战场。到了青城山，张道陵先设置琉璃高座，列成法坛等待八大鬼帅。不久八大鬼帅率部来攻，一时间飞沙走石，空中飞箭如雨。

只见张道陵用手一指，化一朵莲花拒敌。鬼兵们燃起无数火炬，一哄而上，张道陵抬手一指，那火反而向鬼兵烧去。

鬼帅们遥望形势，高声叫道："你本来住在峨眉山修仙，为什么跑来侵犯我们的地盘？"

张道陵答道："你们残害生灵，所以奉老君之命来讨伐你们。"

刘元达等听了大怒，率领鬼兵再次攻上，将张道陵围住。张道陵用笔向空中遥画一个阵势，鬼众被这无形阵势困住，个个仆倒不起。

八大鬼帅见状只得叩头求饶，张道陵将笔倒挥，鬼兵又个个活了过来。张道陵对鬼帅们说道："你们过来听从吩咐，从今开始赶快远离此地，不要再在人间传播疾病。"

鬼帅分辩说："降灾给老百姓，是我们本来的职责，怎么把这权利都给剥夺了？不如还留一半地盘给我们享用。"

张道陵不答应，喝令他们快避去。

鬼帅们心中不服，第二日又纠集了六大魔王，率领百万鬼兵再次攻打上来。

张道陵的随从见状大惊，说道："鬼兵势盛，如何抵挡？"

张道陵说："无须惊慌，看我顷刻退敌。"于是他再次挥笔一画，鬼众们仍然死于当场，只有六大魔王不死，但也仆翻在地，爬不

起来，叩头救饶。

张道陵不许，用笔竖着一砍，将面前山峰劈为两半。魔王再无法飞越山头，大声哀求说："我们再不敢为非作歹，恳求饶命，此后一定在西方世界居住，再不来此地。"

张道陵这才放他们归去，余下的鬼帅，也表示接受管束。张道陵仍怕他们心中不服，于是对他们说道："看来你们心中不服，且再给你们一个比试的机会，如果斗得过我，便让你们自由。"

刘元达等鬼帅们一听，正中下怀，答道："好，就这么办!"

张道陵命人烧起一堆火，投身火中，却脚底生青莲，踩着莲花徐徐出来，鬼帅们也拿出神通，跳入火中，谁知神通不灵，被火烧着。

张道陵又在木、水、土石中进出自如，鬼帅们却处处碰壁，一怒之下，八大鬼帅变成8只大老虎扑来。张道陵变成一只巨狮，将八虎赶走。鬼帅又变成8条飞龙来抓人。张道陵摇身一变，成为专吃龙属的金翅大鹏鸟，来啄龙的眼睛，八龙只好仓皇逃走。

这样变化斗法多时，看看鬼神已近技穷，张道陵用手一指，化一重万余斤的巨石，用藕丝悬着，挂在鬼兵阵营上空，又变成两只老鼠窜上去啃藕丝，那巨石眼见立即要掉下来，鬼帅们这才同声哀求："请饶我们，一定远离此地，再不敢虐害百姓。"

张道陵于是下令五方八部、六大鬼王统统会盟于青城山。使人住阳间，鬼居幽冥，六大鬼王回到酆都，八部鬼神流放西域。

那些鬼众舍不得这么好的地盘，还赖着不想走。张道陵发起怒来，画了一个符送上云霄，片刻之间，风雨雷电轰鸣，空中飞来无数刀箭，鬼兵这才逃得无影无踪。

当然，这个世界上并没有鬼，道士更不可能会驱鬼的法术。这个传说多半是后人为神化张道陵而杜撰出来的，但通过这个传说，也可以看出古代人对敢于为民除害之人的敬重。

因为张道陵在青城山传道，所以青城山成为了天师道的祖山之一，全国各地历代天师均会到这里朝拜祖庭。后来青城山的天师道经过张道陵及其子孙历代天师的创建和发展，逐渐扩及全国。

张道陵在青城山"结茅传道"的地方后来修建了一座常道观。观内还有黄帝祠和三皇殿，殿内供奉着伏羲、神农、黄帝。

在观后的混元顶上有一个洞穴，相传是张道陵曾经修炼的所在，俗称天师洞。天师洞东有三岛石，巨石矗立，上有两条裂隙，故名。

民间传说，张天师降魔时，见此石挡路，遂拔剑劈之，裂成三块，石上还刻有"降魔"两字。天师洞西侧有掷笔槽，这是个60多米深的幽谷，民间传说是张天师降魔时，作符掷笔而成的。

知识点滴

道观相继崛起的晋代青城山

在晋代，青城山中道教渐盛，极盛时有道观70余处，但大部分都被毁废了。存留下来的其中之一就是上清宫。

上清宫位于青城山的第一峰的半山坡上，始建于晋代，后来又经过了唐玄宗修缮和五代期间王衍再建，但是明末又毁于火灾。存留下来的殿宇是后来建于清代。在上清宫山门外西侧石壁上，刻有"天下

第五名山"和"青城第一峰"的石刻。

上清宫的主要建筑有山门、正殿、配殿和玉皇楼等。上清宫的宫门是石砌券洞，上有门楼。

老君殿内供奉的是太上老君，太上老君的两旁分别是供纯阳祖师和三丰祖师。殿后是三清大殿，大殿中供奉的是三清神像，在殿的两旁则供奉着三清的弟子，即"十二金仙"。

大殿右侧的道德经堂前有鸳鸯井，又称为"八卦鸳鸯井"。相传是在五代中的前蜀国所凿。两井一方一圆，象征男女，其泉源相通，但却一清一浊，一浅一深。

道德经堂有楠木板壁，上刻《道德经》八十一章全文。

大殿左侧有长廊通向"文武殿"，内祀文圣孔子和武圣关羽。神座下有九龙浮雕，甚为精美。天花板画有墨龙和二十四孝图及三国故事。在老君殿和文武殿之间廊下是"麻姑池"，相传麻姑池是麻姑的炼丹处，形如半月，深广数尺，水色碧绿，一年四季，不竭不溢。

与上清宫同是在晋代所建的还有祖师殿。

祖师殿是一小巧玲珑的四合院。初建于晋，明末毁败，后来清代乾隆五十七年万本圆重建祖堂，存留下来的殿宇建于清同治四年。祖师殿原名洞天观和清都观，因供奉真武大帝和三丰祖师，故名为真武宫，又叫祖师殿。

另外建福宫也是在晋代修建起来的。建福宫坐落于青城山丈人峰下，前山山门的左侧。传说这里为五岳丈人宁封子修道处。宫观原名丈人观，后来在南宋时朝廷赐名"会庆建福宫"，简称"建福宫"。

建福宫历史悠久，存留下来的建筑仅剩下两院三殿，而前面的两殿是近年来青城山道教协会筹集资金新建的重檐楼殿。第一殿供奉道教护法尊神王灵官及财神，内侧供奉慈航真人。第二殿名为"丈人殿"，供奉五岳丈人宁封真君及广成先生杜光庭，也称"杜天师"。

建福宫后院颇清静，有200棵上百岁的仙人松，枝繁叶茂。后殿内塑有3尊彩像，中间是太上老君，道教尊为教主。左面是东华帝君，即华阳真人王玄甫，是全真道北五祖的第一祖。右面是道教全真派的创立者王重阳。殿堂板壁刻有张三丰祖师的诗。

建福宫后院大殿檐柱上，悬有长达394字的青城山著名长联，此联被赞为"青城一绝"。

传说梳妆台是后来的明末庆符王曾屯兵于此，希望重振大明江山。

他带兵出山征战后，每日清晨他的妻子陈妃就于此处梳头，眺望奏凯归来的庆符王。后来不料其夫战死，于是陈妃也自尽了。人们为了纪念他们至死不渝的爱情，建了梳妆台。